# Sternschnuppengeflüster

© privat

Sofie Cramer, geboren 1974, lebt zwischen Hamburg und der Heide. Nach ihrem Studium der Germanistik und Politik arbeitete sie als Hörfunk-Redakteurin. Später machte sie sich selbstständig und schreibt seitdem erfolgreich Romane sowie für Film und Fernsehen.

*Sofie Cramer*

# STERN SCHNUPPEN geflüster

CARLSEN

Veröffentlicht im Carlsen Verlag
August 2022

Umschlagmotive: Shutterstock.com © Natalia Toropova/Anna Frajtova/Franzi/cosmaa/suns07butterfly
Umschlaggestaltung: formlabor
ISBN 978-3-551-32063-6

# Leni

`kreisch!!! omg! oooooooooooooomg!!!`

Leni kann es kaum erwarten, was ihre Freundin Florentine zu der Neuigkeit sagt. Glücklicherweise zeigen sich auf ihrem Handydisplay im selben Moment zwei blaue Häkchen. Flo schreibt:

`Echt jetzt? Nick kommt in deine Klasse???`

Leni nickt nur hysterisch, was, wie ihr im selben Moment klar wird, beim Chatten reichlich sinnlos ist. Schnell blickt sie sich in der großen Pausenhalle ihrer Schule um. Hat sie jemand beobachtet und gesehen, wie sie mit hochrotem Kopf ihrem Handy zunickt? Ach was. Als würde *sie*, Leni-graues-Mäuschen, jemals irgendwer beobachten! Alle sind damit beschäftigt, so schnell wie möglich aus der Schule zu verschwinden. Nichts wie raus in die Freiheit!

Eilig schickt Leni ihrer Freundin einen unmissverständlichen Hilferuf:

😱😳

chai bei susi?

Sie muss sofort Flo in ihrem Stammcafé treffen, bevor sie noch einen Nervenzusammenbruch bekommt!

Yep!

Puh! Flo ist eine echte BFF! Obwohl sie bei ihrem Pferd auf dem Land ist, fährt sie extra für sie zurück in den Nordwesten von Hamburg. Schon wird Leni ein bisschen leichter ums Herz.

Sie wirft sich ihre lila Umhängetasche über die Schulter und geht durch die helle Säulenhalle in Richtung Ausgang. Das heißt, sie schwebt eher wie auf Wolken.

*Es ist einfach alles so unwirklich!*

Nicklas Wilke, der Schwarm der ganzen Schule, kommt nach den Sommerferien in ihre Klasse! Sie wird ihm jeden Tag in seine krass grünen Augen blicken können – aus allernächster Nähe! Sie wird seine Stimme hören, wenn er sich im Unterricht meldet. Und wenn sie etwas sagt, kann er sie gar nicht mehr ignorieren. Dann muss er sie einfach anschauen ...

Augenblicklich macht Lenis Herz wieder einen Hüpfer. So hat sie sich noch nie gefühlt. Irgendwas zwischen total happy und Megapanik. Wie soll sie das nächste Schuljahr in der 9. überstehen, ohne jedes Mal vom Stuhl zu fallen oder tiefrot anzulaufen, wenn Nick den Klassenraum betritt? Wie soll sie länger am Sportunterricht teilnehmen, wenn Nick Wilke sie von oben bis unten und von vorne und hinten abchecken kann?

Und was wird er dann sehen? Leni Engels, durchschnittlich groß, Haut mit problematischer T-Zone, dicker Hintern. Das einzig wirklich Dünne an ihr sind ihre Haare. Farbe: Straßenköterdunkelblond. Ein Kopf garniert mit traurigem Lametta. Puh.

Leni stößt die Drehtür auf und tritt hinaus auf den Hof. Eins ist klar: Es muss sofort ein Masterplan her! Wenn sie es nicht schafft, sich innerhalb kürzester Zeit vom 0815-Aschenputtel in ein Glamourgirl mit Size Zero und Designerklamotten zu verwandeln, ist der Traum von big love geplatzt! Und damit hätte es keinen Sinn mehr, morgens überhaupt noch aufzustehen ...

Ein Flugzeug dröhnt am Himmel, irgendwo durch die öde dunkle Wolkensoße. Es regnet zwar nicht, aber es ist ungemütlich bei knapp 20 Grad. Juli geht doch irgendwie anders. Schon seit Tagen ist das Wetter so wie Lenis Liebesleben: trist, grau und ohne Aussicht auf Besserung.

*Wer hat eigentlich behauptet, dass verknallt sein schön ist?*

Leni schlendert zu ihrem Fahrrad über den von dicken Eichen umrahmten Schulhof, der schon in wenigen Tagen wie ausgestorben sein wird. Es ist genau umgekehrt: *Nur wer schön ist, darf glücklich verknallt sein.*

Leni muss an „Germany's Next Topmodel" denken. Jedes Frühjahr quält sie sich zusammen mit Flo durch die neue Staffel. Und es ist wirklich eine Quälerei, weil sie sich danach nur noch schlechter fühlen. Doch wie bei einem Unfall muss man trotzdem hingucken, obwohl es das nackte Grauen ist. Ein Gefühl, als würde man mit einem Zahnstocher immer tiefer in die pochende Entzündung bohren, auch wenn es dann noch mehr wehtut. Wie sehr sie beide doch all die Mädchen beneiden, die kilometerlange Beine und Haare bis zum Hintern haben und sogar ohne Make-up mit ihren ebenmäßigen Gesichtern bezaubernd und gleichzeitig edgy aussehen!

Genau der Typ Frau, auf den Nick steht, so viel ist klar!

Das weiß Leni, seit sie ihn in der 7. Klasse mit einer Bikinischönheit im Freibad getroffen hat. Und erst seine letzte Freundin Juliana aus der Oberstufe. Schrecklich perfekt! Wahrscheinlich gibt es nicht einen einzigen Körperteil an ihr, der nicht makellos ist. Nick und Juliana waren das Traumpaar schlechthin, so was wie die Clooneys des Helmut-Schmidt-Gymnasiums. Komisch, dass sie sich trotzdem nach wenigen Wochen wieder getrennt haben.

Ohne zu überlegen, öffnet Leni ihr vierstelliges Zahlenschloss: 0401. Ein Datum. Der vierte Januar. Sieben Monate, drei Tage und fünf Stunden ist es her.

Diese Kombination wird Leni niemals vergessen. An diesem Tag hat sie sich in Nick verliebt.

Leni kann sich an jedes Detail dieser magischen Begegnung erinnern. Es war der erste Schultag nach den Weihnachtsferien. Noch vor Beginn des Unterrichts hatte sie vor dem Lehrerzimmer herumgehangen und auf Frau Wolff, ihre Klassenlehrerin, gewartet. Obwohl sie sich elend und fiebrig fühlte, war sie von ihren herzlosen Eltern in die Schule geschickt worden. Dabei wollte sie nur noch zurück in ihr Bett, besonders wenn sie an die Deutscharbeit dachte, die in der ersten Stunde angesetzt war. Frau Wolff hörte sich Lenis Geschniefe an, tätschelte ihr sanft

den Kopf und ließ Leni nach Hause gehen. So weit der Plan.
Wäre da nicht Nick gewesen, der nur zwei Plätze weiter auf der Wartebank saß, offenbar um sich im Sekretariat von seiner langen Auszeit zurückzumelden.
Wow! ER war wieder da!
Jeder an der Schule wusste, dass Nicklas Wilke ein Megaskateboarder war. Und jeder in der Schule hatte von seinem Unfall im Sportpark Wilhelmsburg gehört. Sogar in der Bild-Zeitung wurde darüber berichtet, weil die Halfpipe offenbar nicht richtig gesichert war. „Nicklas W.", stand dort, „schwebt aufgrund eines Schädel-Hirn-Traumas in Lebensgefahr!"
Wie sich schnell herausstellte, stimmte das zum Glück nicht. Trotzdem trug er eine schwere Gehirnerschütterung davon und Trümmerbrüche an Armen und Beinen, sodass er wochenlang im Krankenhaus lag. Die ganze Schule hatte ihm Gute-Besserung-Karten geschickt.
Nun war Nick wieder da. Und ausgerechnet Leni war die Erste, die ihm begegnete – an jenem kalten Januarmorgen nach seiner Rückkehr. Peinlichst genau bekam er mit, wie sie bei Frau Wolff über ihre tropfende Nase und ihren kratzenden Hals jammerte. Als Leni an ihm vorbeiging,

schaute er kurz auf. Und in der Sekunde, in der sie ihm in seine Hammeraugen sah, geschah es!
Anders als vor seinem Unfall wirkte er so unsicher, fast schüchtern. Irgendetwas in seinem Blick hielt Leni fest. Sie guckten sich gegenseitig einen Moment zu lang an. Dann lief Leni schnell weiter. Doch es war schon passiert: Leni war bis über beide Ohren verknallt!
Seitdem grüßt Nick sie sogar, obwohl Leni sich sicher ist, dass er nicht einmal ihren Namen kennt. Dieser Unfall hat alles verändert. Es gibt kein Zurück mehr. Schwarz auf weiß hat sie es auf den Namenslisten für das nächste Schuljahr gelesen: Nicklas Wilke wird eine Ehrenrunde drehen und in ihre Klasse kommen. Der Junge ihrer Träume wird mitten in ihre Realität platzen!
Das ist Lenis große Chance!
Allerdings hat sie überhaupt keinen Schimmer, was sie jetzt machen soll.

# Amelie

Noch immer steht Amelie regungslos im großen Flur. Sie traut sich nicht einmal zu atmen.

Ihre Eltern streiten noch immer. Amelie kann es durch die Wohnzimmertür hören. Die ist sonst nie geschlossen! Das allein macht ihr Angst.

„Ich lasse mich scheiden!“, ruft ihre Mutter in dem Moment. Dann bricht sie in Tränen aus.

Amelie kann es nicht länger ertragen.

Sie hält sich die Ohren zu. Wie ein kleines Kind, das die Schimpfe nicht hören will. Und genauso fühlt sie sich auch. Dabei ist sie schon vierzehn!

Ganz leise schleicht Amelie wieder nach oben in ihr Zimmer. Sie hat richtig Panik, ihre Eltern könnten gemerkt haben, dass sie was mitgekriegt hat von dem Zoff. Dabei wollte sie sich doch nur etwas zu trinken aus der Küche holen!

Als Amelie mit zitternden Knien im Obergeschoss der Villa

ankommt, schnürt sich ihr Hals zu. Und dann platzt es aus ihr heraus. Plötzlich muss sie losheulen. Sie stürzt in ihr Zimmer und knallt die Tür zu. Blind vor Tränen schmeißt sie sich aufs Bett und vergräbt ihr Gesicht in ihrem Kopfkissen.

*Es darf einfach nicht sein! Meine Eltern dürfen sich nicht trennen ...*

Klar, es war in letzter Zeit nicht besonders toll zu Hause. Irgendwie herrschte immer so miese Stimmung. Dass sich ihre Eltern aber scheiden lassen könnten, hätte sie nicht gedacht. Daran wollte sie einfach nicht denken! Ihr Gedankenkarussell dreht sich immer weiter und weiter ...

*Nie wieder werde ich mit Mum und Paps beim Abendessen sitzen und über meine Lehrer ablästern. Nie wieder kann ich mit ihnen zusammen „Fack ju Göhte" gucken und nie wieder, oh Gott, ich sterbe, zusammen Weihnachten oder Geburtstage feiern!*

Amelie weiß wirklich nicht, wie sie das überleben soll. Das ist schlimmer als jeder Liebeskummer! Sogar der, den sie wegen Timo hatte, der sie nach nur zwei Monaten wegen Amelies Ex-BFF Melli verlassen hat. Betonung liegt auf Ex! Leider hat sie ja noch nicht mal Geschwister, mit denen sie ihr Leid teilen könnte. Das ist wirklich der Super-GAU!

Ein Albtraum, aus dem sie bitte schön sofort aufwachen will. Sie hat bestimmt schon drei Kilo verloren, seit ihre Eltern so arg zu streiten angefangen haben. Und keiner hats gemerkt. Okay, außer Tante Nanni, die Nachbarin, die eigentlich keine Tante ist, sondern eher eine Ersatzomi. Wenn es nicht schon so spät wäre, würde Amelie jetzt glatt noch zu ihr rübergehen und sich trösten oder wenigstens ablenken lassen.

*Sie würde mir dann einen Vanillepudding kochen und mich fragen, wie es mir geht. Einfach, weil es sonst keiner tut! Ich hasse mein Leben!!!*

Missmutig schaltet Amelie den Fernseher ein. Aber da läuft nur Schrott. Sie guckt auf ihr Handy. Keine Nachrichten. Sie geht auf Insta. Auch da ist nichts, was sie interessiert. Die Bilder rauschen beim Scrollen einfach an ihr vorbei. Als sie die Home-Taste ihres brandneuen iPhones mit extragroßem Display drückt, wird es wieder schwarz, sodass sich Amelies Gesicht darin spiegelt. Oder besser gesagt das, was davon übrig geblieben ist. Ein Zombie mit verheulten Augen und roter Nase.

*Jetzt weiß ich auch, warum meine Eltern mir das Smartphone spendiert haben! Nicht, weil ich ein so gutes Zeugnis hatte, wie sie behauptet haben. Sondern weil sie ein schlech-*

*tes Gewissen haben und denken, die neuste Technik wird mich darüber hinwegtrösten, dass sie mein Leben zerstören. Aber da haben sie sich geirrt!*

Am liebsten würde Amelie es von ihrem Balkon schmeißen. Oder, noch besser, auf die Marmorfliesen im Wohnzimmer, direkt vor ihre Füße. Es soll mit einem lauten Scheppern in tausend Teile zerspringen, genau wie ihr Herz! Wenn sie sich nicht genug lieben, hätten sie sich auch kein Kind anschaffen sollen, denkt Amelie und beginnt erneut, jämmerlich zu weinen.

# Paula

Okay, das reicht für heute!“, ruft Frau Finke aus dem Dunkel der Aula.

*Wie schade!*

Die Probe ist wieder einmal viel zu schnell zu Ende gegangen, findet Paula. Und heute fällt es ihr besonders schwer, aus der Rolle der Julia zurück in die Realität zu switchen.

„Paula? Bleibst du bitte noch einen Moment?“

Paulas Herz beginnt wie wild zu klopfen.

*Was will die Finke von mir?*

Sie kann so ein Drache sein, wenn man ihr nicht richtig zuhört oder sich nicht konzentriert. Dann macht sie ihre Schüler gerne mal rund. Es stimmt ja. Paula war heute nicht ganz bei der Sache – aber so kurz vor den Ferien ist das doch normal, oder? Die anderen waren in Gedanken sicher auch schon auf ihrer Sonnenliege am Mittelmeer. Dass überhaupt noch so viele gekommen sind, wundert Paula. Abgesehen von ihrem Romeo natürlich,

dessen Rolle noch immer unbesetzt ist und von Frau Finke gesprochen wird.
„Sorry, ich hatte ein paar Hänger heute. Es wäre sicher etwas leichter, wenn ich einen Spielpartner hätte", versucht Paula sich mit einem Lächeln schon mal vorab zu entschuldigen.
„So ein Unsinn", schimpft die dicke Frau Finke, die schnaufend von ihrem Souffleusen-Platz in der ersten Reihe nach oben auf die Bühne der Schulaula tritt.
Paula schluckt.
„Setz dich!", befiehlt sie ihr und schiebt Paula einen Stuhl rüber. Sie zieht sich selbst einen zweiten Stuhl heran und platziert sich ihr gegenüber.
*Was wird das denn jetzt? Ein Verhör?*
Frau Finke blickt ihr direkt in die Augen. „Was gedenkst du eigentlich mit deinem Talent anzufangen?"
*Hä? Was ist los?*
„Ich?", stottert Paula zaghaft.
Sie ahnt zwar, dass sie nicht schlecht ist. Schließlich hat sie ja auch genug Erfahrung nach drei Jahren Theater-AG. Doch sie hätte nicht damit gerechnet, dass die strenge Frau Finke sie für talentiert hält!
„Mir ist in über zwanzig Jahren, in denen ich an dieser

Schule unterrichte, kein Schüler untergekommen, der so gut spielen konnte wie du."

Soeben hat sich Frau Finke vom Drachen in Paulas Lieblingslehrerin verwandelt!

*Kann das wahr sein oder träume ich?*

„Meinen Sie das ernst?", hört Paula sich ungläubig fragen.

„Natürlich. Und jetzt lass die Koketterie! Vor mir brauchst du keine Rolle zu spielen. Jedenfalls nicht, wenn wir beide uns unterhalten. Hast du schon mal darüber nachgedacht, Schauspielerin zu werden?" Frau Finke lehnt sich zurück, überkreuzt ihre stämmigen Arme und sieht sie erwartungsvoll an.

Kurz überlegt Paula, so zu tun, als wäre ihr das Thema nicht so megawichtig, als wäre es ihr egal, was aus ihr wird. Doch als sie in die ernsten, dunklen Augen der Lehrerin schaut, sprudeln die Worte nur so aus ihr heraus: „Es ist mein größter Traum, Schauspielerin zu werden. Schon als Vierjährige habe ich mich verkleidet und alle Disneyfiguren nachgespielt. Ich will das unbedingt! Ich will allen zeigen, dass ich das kann und dass das kein bekloppter Teenietraum ist!"

„Wie gut du spielen kannst, hast du längst bewiesen", erwidert Frau Finke und wird nachdenklich. „Was sagen denn deine Eltern dazu?“

*Ach die ...*

„Die finden das albern. Die wollen, dass ich mein Abi und danach was Anständiges mache.“

„Aber die Schauspielkunst ist doch etwas sehr Anständiges!“, protestiert die Lehrerin und lacht dabei, was Paula etwas irritiert. Frau Finke lacht eigentlich nie.

„Gehen deine Eltern manchmal ins Theater? Und haben sie unsere Schulaufführungen besucht?“

*Autsch, das tut weh.*

„Nein, nicht wirklich. Mein Vater gibt Schulungen als IT-Spezialist und ist viel unterwegs. Und meine Mutter muss zu Hause auf meine beiden kleinen Geschwister aufpassen. Ich glaube nicht, dass sie schon mal im Theater waren“, antwortet Paula wahrheitsgemäß. Es ist ihr peinlich. Aber es ist, wie es ist. Wenn es nach ihrer Mutter ginge, würde sie gar nicht Theater spielen, sondern noch mehr im Haushalt helfen. Doch das erzählt sie Frau Finke besser nicht. Sie will nicht, dass sie Paula oder ihre Familie für Freaks hält.

„Verstehe“, sagt Frau Finke nur, „und wie wäre es, wenn ich mal mit deinen Eltern rede? Ich finde wirklich, sie sollten dich mehr fördern.“

„Fördern? Wie soll das gehen?“
Wenn Frau Finke wüsste, wie sehr Paula um jeden Euro betteln muss, den ihre Eltern angeblich nie überhaben, würde sie so etwas bestimmt nicht vorschlagen.
„Da könnte man eine Menge tun!“, behauptet Frau Finke. Ihr Gesicht hellt sich auf und sieht plötzlich richtig freundlich aus. „Es gibt Kurse und Workshops in den Ferien, aber auch ein Mal wöchentlich während der Schulzeit. Natürlich könntest du dich auch an einer Schauspielschule bewerben. Aber das weißt du sicher selbst.“
*Und ob ich das weiß!*
„Schon. Aber meine Eltern wollen das alles nicht. Sie finden mich eingebildet, wenn ich ihnen mit so was komme.“
„Na, da muss ich wohl ein paar Takte mit ihnen reden.“ Die Lehrerin erhebt sich. Paula fühlt sich wie auf der Anklagebank, als Frau Finke ihr Urteil spricht: „Das geht so nicht. Sag deiner Mutter, dass ich sie gleich morgen anrufe!“

# Leni

Du hast dich ja nicht mal umgezogen!?“, wundert sich Leni, als ihre Freundin in Reitstiefeln und Oversize-Pulli auf sie zueilt. Ihre rotblonde Mähne steht in alle Richtungen ab.

Leni hat den letzten freien Tisch im *Coffee to stay* ergattert. Seit die Noten vergeben sind, scheinen sich alle nur noch im Café herumzutreiben. So kurz vor den Ferien sind alle in Partystimmung.

„Für mich klang das nach einem Notfall!“, entgegnet Flo und umarmt Leni ganz fest, als hätten sie sich schon monatelang nicht mehr gesehen.

Leni kichert, als sie in Flos lockigem Haar ein Stückchen Stroh entdeckt. „Was hast du denn im Stall getrieben?“, fragt sie grinsend, während sie ihr den Halm aus den Locken pflückt.

Ihre Freundin ist schon seit einer gefühlten Ewigkeit mit ihrer Sandkastenliebe Tobi zusammen. Doch Leni weiß, dass bei Flo nicht mehr als Knutschen und Händchenhalten läuft – ob das ihrem Freund nun passt oder nicht. Außerdem spielt bei Flo sowieso Fridolin, ihr geliebtes Pferd, die Hauptrolle und die meiste Zeit verbringt sie bei ihm im Stall. Und auch in den Sommerferien wird Tobi sie kaum zu Gesicht bekommen.

„Was muss ich tun, damit du nicht nach Kanada abhaust?!“, fragt Leni und rührt ihren Chai Latte um. Erst jetzt wird ihr das ganze Ausmaß der Katastrophe bewusst: Nicht nur Tobi, auch sie wird ihre beste Freundin in den nächsten Wochen nicht sehen! Und das, wo sie Flo gerade so dringend braucht!

„Du musst nur meine Eltern überzeugen, ihren Lebenstraum aufzugeben ...“ Breit grinsend schielt Flo in die Getränkekarte, obwohl eh klar ist, dass sie auch einen Chai Latte nimmt.

Leni grummelt vor sich hin. Sie weiß ja, wie sehr sich Flos Familie auf die Wohnmobil-Tour durch Nordamerika freut. Aber es ist einfach verdammt hart, die kompletten Sommerferien allein zu verbringen. Und dann auch noch ohne eigene Reisepläne! Obwohl sie ihrer Freundin diese Traumreise von Herzen gönnt, ist sie ein bisschen neidisch. Lenis Eltern sind selbstständige Steuerberater und haben immer megaviel zu tun. Auch diesen Sommer fällt der Urlaub mal wieder flach. Und sie kann sehen, wo sie bleibt. Wahrscheinlich in der Irrenanstalt! Schon jetzt ist sie ganz gaga im Kopf.

„Also ... Nick kommt in deine Klasse? Ganz sicher?", hakt Flo nach. Sie legt die Karte beiseite und rückt ihren Stuhl Leni gegenüber näher an den Tisch heran. Die Geräuschkulisse im Café ist genauso krass laut wie Lenis Gedanken, die wild hin und her springen.

Mit ihren braunen Kulleraugen blickt Flo sie fragend an. Leni nickt zaghaft. Sie ist kaum in der Lage, über das Thema Nummer eins zu sprechen, so aufgewühlt ist sie. Schon seit Tagen haben sie beide auf die Namenslisten gewartet, die eigentlich nur wegen der Sportkurse und freiwilligen Zusatzfächer am Schwarzen Brett ausgehängt werden.

In dem Moment bringt Susi, die supernette Inhaberin des Cafés, einen zweiten Chai Latte an den Tisch und stellt ihn Flo vor die Nase. So gut kennt sie Lenis Freundin, dass die noch nicht mal mehr bestellen muss.

Flo nickt dankbar, aber ohne ein Lächeln.

„Was is'n los, Mädels? Fallen die großen Ferien dieses Jahr ins Wasser?"

„Nee, schlimmer", antwortet Leni. Sie spürt, wie sie schon wieder rot wird. Schnell hält sie sich die Hände vors Gesicht.

*Ich hasse es!*

Wenn Leni sich den Schulalltag mit Nick ausmalt, wird sie bestimmt 50 Mal am Tag rot anlaufen. Sie sieht die Katastrophenszenarien schon vor sich: Entweder wird sie in allen Fächern mündlich ablosen, weil sie sich nicht mehr zu Wort melden kann. Oder aber sie wird massive Herzprobleme bekommen, weil eine Beteiligung am Unterricht nur noch mit einem Puls von 300 zu machen ist, dazu mit Blutüberschuss in ihrem mit Pickeln und Sommersprossen gesprenkelten Gesicht.

„Leni hat sich verknallt!", erklärt Flo und seufzt tief, als ob es sich um eine schlimme Krankheit handeln würde. Und eigentlich stimmt das ja auch. Herzrasen, Schweißausbrüche, Konzentrationsstörungen – alles heftige Reaktionen des von Hormonen fremdgesteuerten Körpers.

„Und, wer ist der Glückliche?", fragt Susi lachend und stemmt ihre Hände in ihre absolut fettfreien Hüften. Überhaupt ist sie ein echter Hingucker trotz ihrer bestimmt schon 40 Jahre. Noch dazu ist sie beneidenswert tiefenentspannt.

„Ausgerechnet ein Typ, auf den alle Mädels stehen, ungefähr sechs Ligen über mir“, entgegnet Leni deprimiert und rührt in ihrem inzwischen fast kalt gewordenen Chai rum, von dem sie noch nicht einen Schluck getrunken hat.
Susi kräuselt ungläubig ihre Stirn und setzt sich kurzerhand auf den freien Stuhl zwischen den beiden Freundinnen. „So etwas darfst du nicht einmal denken!“, sagt sie energisch.
„Sorry, Süße“, schaltet sich Flo noch mal ein und legt behutsam die Hand auf Lenis Schulter, „aber ich fürchte, du hast recht. Vielleicht solltest du dir Nick aus dem Kopf schlagen, bevor er dir das Herz bricht.“
„Nick? *Der* Nick?“, fragt Susi und reißt theatralisch ihre großen blauen Augen auf.
Verlegen verzieht Leni den Mund. Susi kennt Nick natürlich. Jede Frau, die auch nur ansatzweise Geschmack hat, kennt ihn.
„Er geht ab nächstem Schuljahr in ihre Klasse“, erklärt Flo verschwörerisch und deutet mit ihrem Kopf in Lenis Richtung. „Wir brauchen also einen verdammt guten Plan oder ein Wunder.“
„Einen Plan?“, fragt Susi irritiert. „Wollt ihr ihn eifersüchtig machen, oder wie?“

„Dafür müsste er sie überhaupt erst einmal bemerken!", erwidert Flo.
Leni knufft sie in die Seite. Entschuldigend zuckt Flo mit den Schultern.
„Wieso soll er dich nicht bemerken? Du bist doch ein superhübsches Mädchen! Wo ist das Problem?", fragt Susi und sieht ehrlich überrascht aus.
„Hier und hier und hier", antwortet Leni zerknirscht, während sie auf ihre nervigen Haare, ihren breiten Hintern und ihre flachen Brüste zeigt. Insgeheim freut sie sich über Susis Kompliment. Nur leider ändert es nichts an der Ausweglosigkeit ihrer Situation. Niemals wird Nick sich für sie oder ihren BMI von 25 interessieren. Ihre einzige Chance ist, eine andere zu werden. Und dafür hat sie ziemlich genau sechs Wochen Zeit. Was nicht wirklich viel ist, um sich von 08/15 in megahot zu verwandeln.
Susi schüttelt den Kopf. „Das ist doch Unsinn! Sei nicht so streng zu dir! Konzentriere dich auf deine Stärken und zeig ihm, wie toll du bist! Dann wird er auch anbeißen, und wenn nicht, hat er dich auch nicht verdient. So einfach ist das!" Aufmunternd nickt sie den beiden noch einmal zu, bevor sie sich wieder an die Arbeit macht.
In dem Moment kommen ein Mädel und ein Typ herein

und setzen sich auf die letzten beiden freien Plätze am Tresen. Die beiden sind Anfang zwanzig, wahrscheinlich Studenten. Und sie wirken nicht nur sehr glücklich, sondern passen auch super zusammen, so wie der Allerwerteste auf den Eimer.

Die zwei scheinen nichts von der Welt um sie herum zu bemerken, weil sie nur Augen füreinander haben. Also können Leni und Flo sie ungestört beobachten. Er ist etwa einen Kopf größer als sie, beide haben braune Haare und sind auffallend attraktiv und hip gekleidet. Sie halten Händchen, lachen und gucken gemeinsam in die Karte, die an der Bar und auf jedem der dunklen Holztische bereitliegt. Sie könnten glatt einer Tommy-Hilfiger-Werbung entsprungen sein.

„Was mache ich bloß falsch?", fragt Leni und nimmt nun doch einen Schluck Tee, der inzwischen so kalt ist wie der diesjährige Sommer. Sie tut sich leid. Entweder verguckt sie sich in Typen, die vergeben sind, oder in solche, die sie nicht einmal mit dem Hintern angucken.

Sebastian aus der Parallelklasse zum Beispiel. Den fand Leni schon in der Grundschule toll. Aber ungefähr genauso lange ist er auch schon mit Bianka zusammen, einem Mädel, das keiner mag, weil sie ihre Nase sonst wie hoch trägt.

„Du machst nichts falsch. Außer, wenn du aufgibst, bevor du überhaupt angefangen hast“, erklärt Flo und wirkt dabei nicht sehr überzeugend.
„Womit anfangen?“
„Na, was Susi gesagt hat: Zeig dich von deiner besten Seite!“
„Aber wie soll das gehen?“, fragt Leni missmutig. „Ich hab echt keinen Schimmer, was ich tun kann, damit er mich auch nur anguckt!“
„Deswegen sind wir ja hier!“, verkündet Flo feierlich und holt einen Block und einen Stift aus ihrer Tasche.
LENIS TO-DO-LISTE schreibt sie in großen Buchstaben darauf.

# Amelie

*Das ist alles so ungerecht!*

Genau dasselbe hat Amelie schon beim Einschlafen gedacht. Falls sie überhaupt geschlafen hat – denn sie ist total müde. Ihre Augen fühlen sich an wie die aufgespritzten Lippen von Kim Kardashian. Kein Wunder, denn sie hat die halbe Nacht geheult. Sie wohnen nicht einmal ein Jahr in der Lüneburger Heide und jetzt muss sie womöglich schon wieder umziehen, weil ihre Eltern sich trennen. Allein die Vorstellung, sie müsste sich für einen von beiden entscheiden, bringt Amelie um.

Sie weiß wirklich nicht, wie sie den Tag überstehen soll. Zum Glück sind schon Ferien. Oder zum Pech. Gerade hat sie begonnen, sich öfter mal mit Maja aus ihrer Klasse zu treffen. Nun ist die drei Wochen lang auf Bali unterwegs, während sie sich hier in der deprimierenden Einöde zu Tode langweilt. Jedenfalls weiß Amelie jetzt, warum ihre Mutter schon vor ein paar Wochen angedeutet hat, dass sie

beide diesen Sommer vielleicht allein in ihr Ferienhaus an der Ostsee fahren. Aber das kann sie knicken. Entweder alle oder gar keiner!
Ich sollte mich mal wieder bei meiner Cousine Johanna in Hildesheim melden, überlegt Amelie. Am besten, sie schreibt ihr gleich eine WhatsApp und fragt, ob sie nicht kommen und zusammen mit ihr nach Hamburg fahren will. Immerhin hat Johanna ein Auto. Sogar einen mokkafarbenen Opel Adam, um den Amelie sie total beneidet. Bei ihr dauert es noch drei Jahre, bis sie endlich den Führerschein auf Probe machen darf. Das Auto hat Paps ihr schon versprochen, allerdings erst, wenn sie ihr Abi in der Tasche hat. Bis dahin hängt sie hier fest. An sich ist Lüneburg ganz okay. Man kann auch mit der Bahn nach Hamburg fahren, aber das wollen ihre Eltern nicht so gerne. Außerdem wohnen sie noch etwa sieben Kilometer vom Bahnhof entfernt, zwischen einem Bauernhof und einem Gewerbegebiet. Also quasi im Niemandsland, dafür aber in einer Traumvilla auf einem Grundstück, das größer ist als ein Fußballfeld.
Nur wozu noch dieses riesige Haus, fragt sich Amelie, wenn sie und wahrscheinlich ihre Mum bald nur noch zu zweit darin wohnen?

Die Vorstellung, dass sich nun alles ändern soll, ist und bleibt unerträglich. Sie muss ihren Eltern heute unbedingt aus dem Weg gehen. Denn sie dürfen nicht erfahren, dass ihre Tochter über alles Bescheid weiß. Dann hätten sie es nämlich leicht, reinen Tisch zu machen.

*Nein, ich brauche jetzt Ablenkung – jede, die ich kriegen kann!*

Also schnappt sich Amelie ihr Handy und textet an ihre Cousine:

> Hi Jo, wie läuft es so? Hast du nicht Lust, mal wieder ein paar Tage zu uns zu kommen? Muss dir unbedingt zwei neue Läden zeigen. Kisses A.

Gerade als Amelie sich aufraffen und endlich aufstehen will, erhält sie eine Nachricht. Gespannt liest sie Johannas Antwort:

> Sorry, bin gerade mit meinen Kommilitonen auf Malle. Genieß deine Ferien! Glg – auch an Tante Angela, Jo

Na super. Genieß die Ferien!
*Wenn Jo wüsste, was hier abgeht ...*
Tränen steigen erneut in ihr auf, aber Amelie versucht, die Enttäuschung schnell wegzudrücken. Doch schon kommt der Schmerz wieder hoch, den dieser Albtraumstreit ihrer Eltern in ihr ausgelöst hat. Am besten, sie geht gleich mal zu Tante Nanni nach nebenan. Vielleicht kann Amelie sie in das Geheimnis einweihen, damit sie wenigstens eine Verbündete hat. Sie hofft nur, dass Nannis Sohn nicht gerade zu Besuch ist. Besser, sie guckt mal aus dem Fenster, ob ihre Nachbarin auch allein ist.
Mühsam schleppt sie sich aus ihrem Boxspringbett und merkt erst jetzt, wie schwach sie sich fühlt. Sie streift sich ihr neues Oversize-Karohemd über, das sie erst letzte Woche zusammen mit ihrer Mum gekauft hat.
*Da war die Welt noch in Ordnung ...*
Dann schleicht sie von ihrem Zimmer nach nebenan ins Gästezimmer, wo sie einen freien Blick auf das alte Bauernhaus von Tante Nanni hat.
*Shit!*
Nannis gelb leuchtender Beetle steht nicht vor der Tür. Das heißt, sie ist nicht da. Und damit auch niemand, mit dem sie reden könnte.

*Ich brauche einen anderen Plan!*

Verzweifelt grübelt sie.

Frühstücken fällt flach, weil Amelie einfach keinen Appetit hat.

Shoppen bringt nur zu zweit Spaß.

Fürs Schwimmbad ist es zu kalt.

Nach Hamburg darf sie nicht allein.

Für Sport fühlt sie sich zu schlapp.

Beim Friseur war sie erst und eigentlich findet sie ihren braunen Bob immer noch super.

Sie könnte Fahrrad fahren. Aber sie weiß nicht wohin. Und wenn sie einen schönen Platz fände, wie neulich zufällig am See, würde sie doch bloß wieder grübeln und heulen. Also bleibt nur noch Fernsehen. Nur dass sie damit am frühen Samstagvormittag sofort auffallen und ihre Eltern in Alarmbereitschaft versetzen würde. Bleibt nur noch surfen, um das quälende Gedankenkarussell zu stoppen.

# Paula

Könntest du bitte den Geschirrspüler ausräumen?", holt ihre Mutter sie aus ihren Tagträumen zurück.

„Ja, ich hab doch gesagt, ich mach das", entgegnet Paula augenrollend.

„Dann mach es aber auch *wirklich*, statt hier Löcher in die Luft zu starren!", schimpft ihre Mutter, während sie die benutzten Teller übereinanderstapelt. Und zwar direkt vor Paulas Nase, sodass klar ist, wer die Spülmaschine auch gleich wieder einräumen darf.

*Ich bin eigentlich gar nicht dran!*

Paulas jüngere Schwester Louisa hat diese Woche Küchendienst und auch ihr Bruder Lukas ist mit seinen sieben Jahren längst alt genug, um mitanzupacken.

Ihre Mutter checkt einfach gar nichts. Dauernd ist sie im Stress und lässt immer alles an ihr aus. Aber Paula will keinen Streit, nicht heute! Ihre Mutter soll so entspannt wie möglich sein, wenn Frau Finke sich meldet. Noch immer überlegt Paula, ob es nicht schlauer wäre, den Anruf anzukündigen. Doch dann würde ihre Mutter ihr gleich lang und breit erklären, warum sie die Schauspielerei für totalen Quatsch hält.

„Paula!!!“

Schon wieder meckert sie rum.

„Ist ja gut, ich mach ja schon!“

Eilig räumt Paula nun all die Tassen, Teller, Schüsseln, Gläser und das Besteck in die Schränke und Schubladen ihrer in die Jahre gekommenen offenen Küche. Auch die drei Töpfe, in denen noch Reste von Kartoffeln, Soße und Kohlrabi kleben, wäscht sie ab, genauso wie die Pfanne, in der ihre Mutter Frikadellen gebraten hat, auf die Paula als Vegetarierin gerne verzichtet hätte. Und sie wischt den Tisch ab, schiebt ordnungsgemäß alle Stühle wieder ran, gleich nachdem sie darunter den Boden gefegt hat.

Vielleicht sollte sie ihrer Mutter noch anbieten, einkaufen zu gehen. Doch dann würde sie womöglich den Anruf von Frau Finke und vor allem die Reaktion ihrer Mutter verpassen. Das will Paula auf keinen Fall!

„Bist du heute den ganzen Tag zu Hause?“, fragt sie ihre Mutter vorsichtshalber, als diese stöhnend mit der Bügelwäsche aus dem Keller zurückkommt.

„Ja, bin ich. Schließlich bügelt sich die Wäsche nicht von allein!“, antwortet diese gereizt. „Warum fragst du?“

Paula schluckt. „Nur so.“

„Nur so? Was hast du denn vor?“

„Keine Sorge!“ Paul rollt wieder mit den Augen. „Ich wollte bestimmt keine Party schmeißen!“

„Gut, du hast sicher auch noch Hausaufgaben auf.“

„Mama, wir haben Wochenende“, stöhnt Paula, „und es sind schon so gut wie Ferien.“

„Ja, leider“, sagt ihre Mutter leise. Trotzdem hat Paula es gehört und sie weiß auch ganz genau, was es bedeutet. Ihre Mutter will ihre Kinder nicht den ganzen Tag im Haus haben, weil sie Dreck und Arbeit machen. Und das sechs Wochen lang, weil ihre Eltern es sich nicht leisten können, mit der ganzen Familie in den Urlaub zu fahren.

„Noch habt ihr zwei Wochen Schule. Da gibt es bestimmt etwas zu tun!“

„Ja, ja“, entgegnet Paula und zwingt sich, dabei nicht allzu genervt zu klingen. Eigentlich würde sie jetzt gegenhalten. Schließlich wird sie schon bald ein super Zeugnis bekommen, das ihren Eltern endlich klarmachen wird, wie gut es in der Schule läuft, und das, obwohl sie in der Theatergruppe angeblich zu viel Zeit und Energie verschwendet.

Wehmütig denkt Paula an den Schauspiel-Workshop, den sie in den Ferien besuchen könnte. Doch da müsste Frau Finke schon ganze Arbeit leisten, um ihre Eltern zu überzeugen. Klar könnte sie neben dem Zeitungsaustragen noch mehr jobben, um solche Kurse selbst zu bezahlen. Nur würde ihre Mutter das gar nicht erlauben, weil Schauspielunterricht für sie Zeit- und Geldverschwendung ist. Aber wer weiß, denkt Paula, vielleicht schafft es Frau Finke ja durch ihre direkte und strenge Art, was für mich rauszuholen. Im Prinzip kann es doch nur besser werden!
Mit kribbeliger Vorfreude schnappt Paula sich ihr Handy. Wenigstens das hat sie ihrem Vater abschwatzen können, als der ein neues Modell für die Arbeit brauchte. Sie macht es sich im Sessel des an die Küche angrenzenden Wohnzimmers gemütlich und sucht im Internet nach Workshops oder Theatergruppen für Schauspieler. Volkshochschule muss es ja nicht unbedingt sein. Da gehen bestimmt nur Alte hin. Aber vielleicht gibt es im Köln-Bonner Raum, in dem sie wohnt, irgendwo eine Art Ferienkurs für Mittelstufenschüler.
Schließlich kommt sie nach den Ferien schon in die 10. Klasse! Viele der großen Stars haben ihre Karriere bereits als Teenager gestartet. Es muss ja auch nicht unbe-

dingt Hollywood sein, wo Paula eines Tages landet. Obwohl eine Einladung zur Oscarverleihung natürlich das Allergrößte wäre! Es würde ihr schon reichen, wenn sie einfach bloß an einer Schauspielschule angenommen werden und später kleine Rollen im Fernsehen oder am Theater ergattern würde. So wie ihre Lieblingsschauspielerinnen, die sie in den TV-Soaps bewundert.

Neben der Schauspielerei ist Paulas zweitliebstes Hobby, sich im Netz auf den Agenturseiten die Lebensläufe ihrer zukünftigen Kolleginnen anzugucken, nur um festzustellen, dass die allermeisten auch klein angefangen haben.

Einmal mehr klickt Paula sich zu den Seiten der Schauspielschulen in der Umgebung durch. Die meisten Anforderungsprofile kennt sie bereits in- und auswendig. Einige bestehen auf einem Mindestalter von 18 Jahren, andere auf dem Abitur und so gut wie alle auf Gebühren in schwindelerregender Höhe. Das ist ein echtes Dilemma!

Vielleicht müsste sie einfach mehr ausgehen, denkt Paula, oder mit ihren Freundinnen an irgendwelchen Hot Spots rumhängen, um entdeckt zu werden. Sie wäre nicht die erste Schauspielerin, die in einem Club oder beim Shoppen angesprochen wird. Karoline Herfurth stand ganz normal auf dem Schulhof, als sie zum Casting eingeladen wurde!

Nur leider finden Svenja und Lissy, ihre beiden besten Freundinnen, Schauspielen total langweilig und die Theater-AG in der Schule irgendwie peinlich. Die zwei interessieren sich nicht mal für Filme oder Serien, sondern nur für Make-up, Mode und Musik. Sie würden niemals Paula zuliebe in irgendeinen Szeneladen gehen, damit sie vielleicht angesprochen wird.
Dabei gucken schon einige, wenn sie mit den Mädels Eis essend durch die City schlendert. Auch wenn Paula sich ziemlich normal fühlt in ihrer Haut, wird ihr immer wieder versichert, wie besonders sie aussieht mit ihren langen naturblonden Haaren, ihren Storchenbeinen und 178 Zentimeter Länge an der Grenze zum Untergewicht. Dabei futtert Paula total gerne und nicht mal wenig.
Immerhin diese Gene hat sie wohl von ihrer Mutter geerbt. Rein äußerlich ähnelt sie ihr sehr, genau wie ihre Schwester Louisa. Doch ansonsten sind sie so verschieden, dass Paula immer wieder das Gefühl hat, nicht ganz dazuzugehören. Manchmal kommt es ihr so vor, als würde sie einfach bloß die Rolle der angepassten Tochter zu Hause und die der braven Schülerin in der Schule spielen und sich eigentlich immer nur auf der Bühne echt fühlen.
Weil Paula immer wieder aufs Telefon starrt, ist sie ein

bisschen abgelenkt. Aber dann entdeckt sie etwas wirklich Spannendes.

*Wie cool ist das denn?*

Auf der Startseite ihrer Lieblingsschauspielschule „Star Stage“ gibt es einen Aufruf für ein Casting junger Talente. Mit steigendem Puls öffnet Paula die Seite und überfliegt die Ausschreibung. Dort steht es!!! Gesucht werden ausdrücklich Schüler ab 14 Jahren für einen Vorbereitungskurs zum Ausbildungsbeginn in zwei Jahren. Dieser soll ab nächstem Frühjahr ein Mal wöchentlich neben der Schule stattfinden und an einem Tag im Monat am Wochenende.

*DAS IST ES!!*

Paulas Herz setzt für einen Schlag aus. Wenn das kein Zeichen ist! Frau Finke muss nur noch ihre Eltern über ihr großes Talent informieren und dann kann es losgehen. Das Casting ist auch erst am Ende der Ferien. Genug Zeit also, um ihre Eltern schonend darauf vorzubereiten, dass ihre Tochter den ersten entscheidenden Karriereschritt macht.

*Rums! Klirr!*

*Was war das?*

Erschrocken fährt Paula hoch. Aus dem Flur kam ein lauter Knall. Auch ihre Mutter lässt die Bügelwäsche fallen und stürmt in Richtung des Krachs.

„Bist du verrückt geworden?!“, wettert sie auch schon los. „Das kann ja wohl nicht wahr sein!“

Paula traut sich kaum nachzusehen. Schließlich erhebt sie sich und schleicht in Richtung Flur, während sie hört, wie Lukas sich wie immer rausredet. Diesmal hat er offensichtlich im Flur Fußball gespielt. Jedenfalls ist der Garderobenspiegel in tausend Teile zersprungen.

„Wie oft soll ich dir noch sagen, dass du draußen Ball spielen sollst?!“, schimpft ihre Mutter, während sie beginnt, die Scherben einzusammeln.

Paula will den Besen aus der Küche holen, wird aber vom klingelnden Telefon aufgehalten.

*Frau Finke!!*

Ihr Herz beginnt zu rasen. Mit zitternden Knien schaut Paula auf das Display mit der ihr unbekannten Nummer.

„Ja?“, meldet sie sich aufgeregt.

„Paula, bist du das?“

Es ist tatsächlich Frau Finke.

Paulas Hals wird plötzlich ganz trocken. „Ja, genau! Sie möchten sicher meine Mutter sprechen?“, fragt sie hoffnungsvoll.

„Ist sie denn gerade in der Nähe?“

„Klar, Moment bitte!“

Frau Finkes Stimme klingt heute viel freundlicher, wundert sich Paula, als sie mit dem Telefon in den Flur tritt.
„Autsch!“, zischt ihre Mutter.
„Mama, meine Lehrerin Frau Finke will dich sprechen!“
Ihre Mutter dreht sich um und macht große Augen, während sie ein Taschentuch auf ihren blutenden Handrücken presst. „Heute? Am Wochenende?“, erwidert sie im Flüsterton. „Hast du etwa was angestellt?“
„Nein!“, entgegnet Paula.
Ihr Kopf ist leer. Ihr fehlen einfach die Worte, um zu erklären, warum das Gespräch trotzdem überlebenswichtig ist. Also hält sie ihrer Mutter nur den Hörer hin. Die nimmt ihn, guckt aber mehr als irritiert. Dann geht alles ganz schnell. „Riechst du das?“, fragt sie und schreit panisch: „Das Bügeleisen!“
Paula stürmt zurück ins Wohnzimmer, wo das Bügeleisen tatsächlich schon ein Hemd ihres Vaters angeschmort hat. Hastig stellt sie es aus, während ihre Mutter den Stecker aus der Steckdose zieht und die Balkontür aufreißt.
Endlich meldet sie sich am Telefon und entschuldigt sich bei Frau Finke. Den Rest des Gespräches erlebt Paula wie in Trance. Ihre Mutter sagt nicht viel, aber ihr letzter Satz ist so erschütternd, dass Paula ihn sicher niemals vergessen

wird: „Ich danke Ihnen für den Anruf. Aber das kommt für unsere Tochter wirklich nicht infrage!“

# Leni

Warum muss Flo ausgerechnet diesen Sommer früher in die Ferien starten, fragt sich Leni zerknirscht. *Das ist doch total unfair!*

Schon morgen sitzt ihre Freundin gut gelaunt im Flieger nach Vancouver, während sie noch einen Tag in der Schule und fünf ziemlich unlösbare Aufgaben zur Selbstoptimierung bewältigen muss. Und das alles für einen Typen, der sowieso unerreichbar bleibt.

*Wieso nur sieht dieser Kerl so verdammt gut aus?*

Wie jeden Abend liegt Leni im Bett und bewundert Nicks Profilbild auf ihrem Handy. Sie starrt es minutenlang an, obwohl sie jeden Quadratmillimeter darauf genauestens kennt. In ihrem dunklen Zimmer leuchten seine grünen Augen mit den supersüßen Lachfalten noch heller. Und sein Blick – genau die richtige Mischung aus Witz und Arroganz. Diese Art von Arroganz, die einen Typen interessant macht. Seine blonden Wuschelhaare, die immer, einfach immer gut aussehen, egal in welche Richtung sie abstehen. Sein kantiges Kinn, seine nicht zu große und nicht zu kleine Nase, sein eher schlaksiger Body, der in lässigen Skater-Klamotten steckt. Dabei kommt er nie gestylt rüber, sondern total natürlich – und gerade deswegen perfekt.

Leni mag nämlich keine Jungs, die eitel sind oder zu viel Wert auf ihr Äußeres legen. Genau das ist ja der Grund, warum sie so auf Nick abfährt. Man erkennt schon an seiner Haltung und seinem Gang, wie wohl er sich in seinem sportlichen Körper fühlt. So, als würde er nie darüber nachdenken. Er ist einfach, wie er ist, und wirkt dadurch extrem selbstsicher.

Erst kürzlich hat er ein „Hallo!“ gehaucht, als er mit einem Kumpel in Richtung Physikraum an ihr – und leider auch an allen anderen Mitschülern – vorbeischlenderte. Bis heute grübelt Leni darüber nach, ob ein bisschen davon tatsächlich ihr galt.

Bei dem Gedanken an Nick macht Lenis Herz Luftsprünge. Seufzend knipst sie das Licht wieder an, weil sie sowieso nicht schlafen kann. Eine gute Gelegenheit, um sich noch einmal die To-do-Liste vorzunehmen, die Flo für sie gemacht hat.

*1. Haare: färben und verlängern!*

Leni schluckt. Flo hat zwar behauptet, sie mag Lenis Haare, aber jeder wisse schließlich, dass Nick auf hellblonde Mädchen stehe. Klar, es stimmt schon: Alle Mädels, mit denen Nick je gesichtet wurde, waren ziemlich blond und langhaarig.

Wie oft Leni sich schon ausgemalt hat, eine richtig lange, wellige Mähne statt dünner, wirrer Strähnen auf dem erhobenen Haupt zu tragen!

Wenn es da nur nicht ein klitzekleines Problem gäbe ...

Vor ihrem geistigen Auge sieht Leni ihren Papa und ihre Mama mit verschränkten Armen einträchtig nebeneinander auf ihrem schwarzen Ledersofa sitzen und streng, aber wortlos mit dem Kopf schütteln. Es ist so entsetzlich nervig, dass die beiden sich fast immer einig und meistens gegen sie sind. „Das erlauben meine Eltern nie!", hat sie zu Flo gesagt.

„Ach, du behauptest einfach, du bist schon sechzehn, wenn dich die Friseurin fragt", meinte ihre Freundin daraufhin nur. Angeblich habe das bei einer Mitschülerin aus ihrer Klasse auch geklappt. Die Mutter soll total gechillt gewesen sein, als sie mit dem Ergebnis überrascht wurde.

Leni fasst sich missmutig in ihre dünnen Haare und seufzt tief. Auch der zweite Punkt auf der Liste ist alles andere als ein Spaziergang:

2. Figur: 5 Kilo abspecken!

*Autsch!* Schon seit Ewigkeiten spricht Leni davon, dass sie etwas abnehmen will, und okay, vielleicht auch gleich fünf Kilo. Aber von Speck zu reden, findet sie dann doch ein bisschen hart. Schmollend streicht sie sich über ihre weichen Pölsterchen an den Hüften, die sie gern unter einer Longstrickjacke versteckt, unter der auch ihr unvorteilhaft runder Po wunderbar verschwindet. Kurven sind ja gut, aber blöderweise hat Leni die an den falschen Stellen. Sie hofft so sehr, sie möge eines Morgens aufwachen und über Nacht sowohl zehn Zentimeter in die Länge als auch im Brustbereich auf Körbchengröße C oder wenigstens B angewachsen sein. Aber auf diesen Tag X wartet Leni nun schon seit Monaten und die Wahrscheinlichkeit, dass dieses Wunder noch mal eintreten wird, tendiert gegen null. „Und wenn du Punkt zwei geschafft hast, belohnst du dich mit Nummer drei“, waren Flos einleitende Worte zum nächsten Frustthema:

*3. Style: engen Designerfummel shoppen!*

*Wie soll das gehen, ohne Flo und ohne Kohle?*
Shoppen ohne ihre Freundin ist in etwa so wie Eisessen mit einem Schnupfen. Es macht einfach keinen Spaß!
Natürlich könnte Leni ihr Fotos zum Abchecken schicken. Aber Flo wird wohl kaum Netz haben, wenn sie irgendwo in der Wildnis campt.
„Zum Schulstart bin ich ja wieder da! Und dann führst du mir deine neuen Outfits vor und wir entscheiden zusammen, was du am ersten Tag anziehst."
Flo hat gut reden, denkt Leni. Sie hat kein Kilo zu viel. Seit sie sich in der Grundschule kennengelernt haben und danach in Parallelklassen gelandet sind, hat Flo immer mehr als Leni gefuttert, ohne dass sie je ein Gramm zugenommen hätte.
*Seufz! Und bei mir sieht man jedes Stück Schokolade!*
Sie redet sich dann immer gern damit raus, dass das bloß vom Reiten käme. In Wahrheit aber sind das die Gene, mit denen Flo Glück und Leni Pech hatte, weil sie genauso schnell zunimmt wie ihr untersetzter Papa. Leni braucht nur einen Muffin anzugucken und schon hat sie ein Röll-

chen mehr am Bauch, während Flo sich sogar noch eine Extraportion Sahne erlauben kann.

Und die nächste Ungerechtigkeit ist, dass Flos Eltern so ziemlich alles sponsern, was sie will, während Leni gerade mal 30 Euro Taschengeld pro Monat bekommt. Für alles, was sie darüber hinaus braucht, muss sie echte Überzeugungsarbeit leisten. Dann springt auch mal ein neues Shirt raus. Doch das kommt ungefähr so oft vor wie eine totale Sonnenfinsternis. Jedenfalls ist Nicklas Wilke sicher kein Grund für ihre Eltern, Leni neue Klamotten zu spendieren. Auch der vierte Punkt auf der Liste ist ziemlich aussichtslos:

*4. Fingernägel neu!*

Ein kritischer Blick von Flo auf ihre Hände hat gereicht, um Leni zu verunsichern. Sie weiß ja selbst, dass Nägelkauen alles andere als sexy ist. Aber wenn sie nervös ist, kann sie sich einfach nicht beherrschen. Und nervös war sie in den vergangenen sieben Monaten ziemlich oft. Etwa, als Leni nach einer schlaflosen Nacht endlich den Mut aufgebracht hat, Nick eine Freundschaftsanfrage bei Facebook zu senden. In den Wachphasen der 43 Stunden, die er brauchte, um ihre Anfrage kommentarlos zu bestätigen, hat sie sich alle zehn Fingernägel komplett abgeknabbert, und das, obwohl Nick bereits 346 Freunde hatte, sie also nur eine weitere Nummer für ihn war.

*Vielleicht sollte ich lieber spontan ein Austauschjahr in Neuseeland machen?!*

Leni richtet sich mit einem Ruck auf.

*Ich trau mich doch nie im Leben mit neuer Frisur und neuen Nägeln in meine Klasse!*

In Gedanken sieht Leni die Szene schon vor sich, wie sie nach den Ferien komplett verwandelt in die Schule kommt und Maddi und Isa, die Lästermäuler der Klasse, sofort die Köpfe zusammenstecken und tuscheln. Oder, noch schlimmer, öffentlich einen Kommentar ablassen, den auch Nick mitbekommt.

Am liebsten würde Leni sich bis zum Ende ihrer Schulzeit in ihrem Zimmer verbarrikadieren. Was eindeutig ein Beweis dafür sein dürfte, dass Flo mit dem letzten Punkt leider goldrichtig liegt:

5. Selbstbewusstsein stärken!

Leni stöhnt, als sie den Zettel nochmals überfliegt. Wie soll sie das alles bloß schaffen? Schon gleich beim ersten Versuch drohte sie zu scheitern, als Flo sich bei Susi noch einen Burger gegönnt hat. Aus lauter Frust hätte Leni am liebsten Pommes mit Mayo bestellt. Nur Flos argwöhnisch gehobene Augenbrauen haben Leni davon abgehalten. Stattdessen hat sie dann einen Salat genommen. Ohne Dressing! Was überhaupt nicht geschmeckt hat. Und kaum zu Hause, hat sie natürlich gleich wieder Hunger bekommen und sich zwei Toasts mit Nutella schmieren müssen.

Schon ein einzelner Punkt auf dieser To-do-Liste ist eine Riesenherausforderung. Aber gleich fünf und dann noch in so kurzer Zeit ... Ganz zu schweigen davon, dass ihre Eltern von Lenis Typverwandlung alles andere als begeistert wären ... Erschwerend kommt hinzu, dass Leni so gut wie keine Kohle hat, um sich Extensions oder French Nails zu leisten. Dummerweise überwachen ihre Eltern auch noch ihre Finanzen. Sämtliche Geldgeschenke von Großeltern oder Patentanten werden seit ihrer Kindheit buchhalterisch festgehalten und aufs Sparbuch eingezahlt. Was Leni bislang auch nicht weiter gestört hat. So hatte sie für besondere Wünsche eigentlich immer genug Geld gespart. Als sie zwölf wurde, durfte sie sich endlich neue Möbel für ihr Zimmer kaufen. Das war auch mehr als überfällig angesichts der rosa Schränke, die perfekt auf ihre Prinzessin-Lillifee-Tapete abgestimmt waren und für die sie sich lange Zeit geschämt hatte.

Dass es sich dieses Mal um einen echten Notfall handelte, davon würde sie ihre Eltern noch irgendwie überzeugen müssen. Normalerweise würde sie mit einem so wichtigen Anliegen zu ihrem Papa Christian gehen, denkt Leni. Anders als ihre Mama Anja versteht er sie manchmal wenigstens ein bisschen. Sogar einen Zuschuss für ihr Smartphone hat er springen lassen. Doch beim Thema Jungs kennt er nix! Er würde es nie zugeben – und Leni und ihre Mama machen sich auch gerne lustig darüber –, aber er ist extrem eifersüchtig!

Das liegt wohl daran, dass Leni Einzelkind und damit die einzige Tochter ist. Wie sehr hat sie sich immer einen kleinen Bruder oder eine kleine Schwester gewünscht! Aber Lenis Eltern wollten nur ein Kind, was sie manchmal stolz macht und manchmal auch verletzt. Entweder ist sie der alleinige Superstar in der Familie oder, wenn es Streit gibt, das ungeliebte Kind, das so schwierig ist, dass es unmöglich noch mehr von ihrer Sorte geben durfte.

Hätte Leni eine große Schwester, wüsste die bestimmt, was zu tun ist, um bei Nick anzukommen. Und bestimmt hätte sie es geschafft, die Claims in der Erziehung so abzustecken, dass Leni als Jüngere viel mehr Freiheiten hätte. Nur leider hat sie keine Schwester und auch keine Cousine oder coole Tante, die sie beraten könnte. Und die einzige Freundin, der sie vertraut, macht sich schon morgen vom Acker und verschwindet praktisch von der Bildfläche. So sieht es aus.

Niemand unter ihren 180 sogenannten Freunden im Netz kann nachvollziehen, was in ihr vorgeht, und das ist sicher auch besser so. Irgendwie muss Leni es einfach schaffen, sich still und heimlich von einem grauen Mäuschen in einen sexy Vamp zu verwandeln, der ganz genau weiß, was er will: nämlich, dass Nick gar nicht anders kann, als sich in der Sekunde zu verlieben, in der er Leni das erste Mal nach den Ferien erblickt!

Der Wille ist da, der Druck auch. Die halbherzigen Obsttage, die nix als Jo-Jo-Effekte gebracht haben, sind ein für alle Mal vorbei. Leni haucht Nicks Foto noch einen Gute-Nacht-Kuss zu, bevor sie das Licht wieder ausmacht und sich in ihre Decke kuschelt. Sie ist fest entschlossen. Gleich morgen nach der Schule wird sie ihre Ziele in Etappen einteilen und unmittelbar mit ihrem „Von der Raupe Nimmersatt zum Schmetterling“-Programm beginnen. Yes!, ruft

Leni sich innerlich zu. Der Sommer kann kommen. Sie ist bereit, den Kampf aufzunehmen!

# Amelie

Amelie liegt auf ihrem Queensize-Bett und schaut missmutig aus dem Fenster. Ihre Augen füllen sich mit Tränen.

Sie will das alles nicht. Sie will nicht, dass ihre Familie zerbricht. Und sie hasst es, noch keine richtigen Freunde in Lüneburg gefunden zu haben. Sie will ihr früheres Leben in Bayern zurück, als sie noch die Berge um sich hatte. Sogar Melli vermisst sie, obwohl die mit Timo zusammengekommen ist und sie am Ende gar keinen Kontakt mehr hatten. Vor allem aber vermisst sie die Zeit, als ihre Eltern noch glücklich waren. Sicher, Streit gab es immer mal. Doch so schlimm wie in letzter Zeit war es nie.

Amelie scrollt durch ihren App Store. Neue Photo Editors, Games, Dating-Portale ... Was soll sie damit? *Ein Wunder*, das ist es, was sie jetzt braucht! Trotzig gibt Amelie das Wort in die App-Suche ihres Smartphones ein. Tatsächlich erscheint einen Augenblick später ein kleines Symbol mit einer Sternschnuppe, neben der „Sternschnuppengeflüster – deine Wunsch-Wunder-App“ steht!

*Wunsch-Wunder-App?*

Da die App kostenlos ist und super Bewertungen hat, geht Amelie auf Installieren und dann auf Öffnen. Es dauert nur wenige Sekunden, bis ein dunkelblauer Sternenhimmel und darauf das Wort „Sternschnuppengeflüster“ aufleuchtet.

Wow!, denkt Amelie beim Anblick der hübschen bunten Buchstaben.

Im nächsten Moment verblasst die Schrift und nun ist dort „Dein tägliches Wunder“ zu lesen. Plötzlich tauchen von allen Seiten kleine Sprechblasen auf:

> ich wünsche mir, mit Delfinen zu schwimmen
> *Nadine09*

und

> mein größter wunsch: ein alter vw-bulli *veit_er*

oder

> Ich will Topmodel werden *julimond*

Amelie seufzt.
*Die haben Sorgen ...*
Traurig blickt sie sich in ihrem riesigen Zimmer um. Der flauschige Teppich, das stylische graue Sofa, das 1,40-Meter-Bett mit den vielen Kissen ... genau so hatte sie es sich gewünscht. Doch all ihre Schätze bedeuten ihr nichts mehr, jetzt, wo sie das Wichtigste in ihrem Leben zu verlieren droht. Dabei hat sie sogar einen begehbaren Kleiderschrank bekommen, den sie ganz allein mit megaschicken weißen Lackregalen einrichten konnte! Und auch ihr süßes Kosmetiktischchen mit dem großen, weiß verzierten Spiegel dufte sie mit ganz neuer Deko bestücken, die sie zusammen mit ihrer Mum bei ihrem ersten Shopping-Trip durch die Lüneburger Altstadt ausgesucht hat.
Aber was zählt das alles noch, wenn ihre Familie auseinanderbricht? All das ist absolut unwichtig geworden.
Amelie scrollt durch die Menüpunkte und klickt auf „Erfolgsstorys". Da ist ein kleiner Junge, der sich sehnlichst gewünscht hat, mal an der Hand von Bastian Schweinsteiger ins Fußballstadion gehen zu dürfen. Durch die App hat es sein Papa geschafft, jemanden zu finden, der einen kennt, der einen kennt und so weiter, sodass der Junge am Ende tatsächlich sein Idol traf.

Ein Mädchen namens Christin hat sich gewünscht, einen Stammzellen-Spender für ihre an Leukämie erkrankte Schwester zu finden. Tatsächlich hat sich ihr Wunsch erfüllt.

*Es funktioniert also?!*

Amelie würde alles dafür geben, dass alles wieder gut wird.

*Was hab ich schon zu verlieren?*

Ohne zu zögern, tippt sie auf den Button, mit dem man sich bei „Sternschnuppengeflüster“ anmelden kann. Sie muss gar nicht lange überlegen, was sie sich wünschen soll.

# Paula

*Es ist ein Albtraum. Ein absoluter Albtraum!*

Paula sitzt an ihrem Lieblingsplatz, am Rheinufer unter einer großen Weide, und starrt wie in Trance aufs Wasser. Obwohl die Sonne scheint und alle Welt sich über den herrlichen Sommertag freut, sieht es in Paula düster aus. Sie fühlt sich so leblos und leer. Noch nicht einmal richtig zu Wort gekommen ist sie, als sie mit ihrer Mutter über den Anruf ihrer Lehrerin sprechen wollte.

*Das ist so ungerecht!*

Alle ihre Freundinnen dürfen tun und lassen, was sie wollen. Natürlich fahren die auch in die Ferien. Nur sie darf entweder vor Langeweile eingehen oder zu Hause schuften. Und selbst dann ist ihre Mutter noch nicht zufrieden, wie sie überhaupt mit gar nichts zufrieden ist. Manchmal fragt Paula sich, warum ihre Mutter überhaupt Kinder hat, wenn sie ihre Familie als so große Last empfindet.

Sie holt ihr Handy aus ihrer Umhängetasche hervor. Ein

Baumwollding ohne Label, das ihre Freundinnen nicht mal mit spitzen Fingern anfassen würden. Aber das ist Paula egal, sie macht sich halt nicht viel aus Klamotten und Marken. Umso fieser findet sie es, dass sie ihre einzige große Leidenschaft nicht leben darf!

```
Was geht, Mädels? Eisessen bei Giovanni?
Könnte etwas Ablenkung gebrauchen …
```

tippt Paula in die WhatsApp-Gruppe. Glücklicherweise antwortet Svenja sofort. Doch als sie ihre Nachricht liest, ist sie enttäuscht:

```
sorry, süße - muss noch so viel besorgen
für ibiza, vielleicht morgen? kisses in
die runde - miss you!
```

Lissy meldet sich nicht. Die ist sicher auch im Stress oder mit Alex, ihrem Freund, unterwegs.

*Das nervt!*

Seit die beiden vor etwa zwei Monaten ein Paar geworden sind, gibt es Lissy nur noch im Doppelpack oder gar nicht mehr.

Schlecht gelaunt öffnet Paula noch einmal die Seite von „Star Stage". Sie fragt sich, ob sie sich nicht einfach heimlich für das Casting anmelden soll. Doch selbst wenn sie genommen werden würde, könnte sie sich die späteren Studiengebühren von 290 Euro pro Monat einfach nicht leisten. Da bräuchte es wirklich ein Wunder!

Bei jeder Sternschnuppe und jedes Jahr um Mitternacht an Silvester wünscht sie sich, einmal auf einer richtigen Theaterbühne oder professionell vor der Kamera zu stehen.

Sie hat ihren Herzenswunsch sogar schon öffentlich bei „Sternschnuppengeflüster", ihrer Wunsch-Wunder-App, gepostet! Dort gab es zumindest viele nette Kommentare – vor allem weil sie auf ihrem Profilbild angeblich so gut aussieht. Aber was bringt ihr diese zweifelhafte Schönheit, wenn sie niemandem beweisen kann, dass sie auch etwas draufhat?

Missmutig klickt Paula sich zu ihrem Post durch und durchforstet den Thread nach irgendetwas, das sie aufmuntern könnte.

Vergeblich.

> warum wirst du nicht einfach model statt schauspielerin? *Sara17*

ja genau, bewirb dich doch bei GNTM! Als schauspielerin verdienst du doch eh kein geld. *Luna_mond*

Was ist denn am Schauspielen so toll? *DarthVader*

Darauf hat eine Amelie_04 geantwortet:

Ist doch cool in immer neue Rollen zu schlüpfen – würde ich auch gerne ...

Ja, genau! Das ist das Coole daran! Paula braucht nur die Augen zu schließen und sich vorzustellen, sie sei Katniss, und schon fühlt sie sich auch so. Der Rest ist Handwerk. Um Jennifer Lawrence in *Panem* zu verkörpern, muss sie sich nur ihre Gesten, den Gang, das Lachen anschauen und schon kann sie die Schauspielerin perfekt nachahmen. Noch lieber spielt sie aber klassische Rollen wie Shakespeares Julia, weil sie die ganz neu interpretieren kann. Wie oft schon hat sie Claire Danes in dem *Romeo und Julia*-Film bewundert? Umso glücklicher ist sie, dass Frau Finke ihre Darstellung der Julia auch gut gefällt.
Weil noch immer keine Antwort von Lissy kommt, vertreibt Paula sich die Zeit mit ihrer App.

Wieso tust du es dann nicht?

antwortet Paula dieser Amelie_04 und klickt auf deren Namen, um nachzusehen, ob sie selbst auch einen Thread eröffnet hat. Und tatsächlich, ihr Wunsch lautet:

Ich wünsche mir, dass meine Eltern sich nicht scheiden lassen.

*Autsch. Die Arme!*
Paula schluckt. Gern hätte sie einen netten Kommentar gepostet, aber sie weiß nicht, was sie schreiben soll. Noch dazu scheint Amelie_04 die Tipps nicht gelesen zu haben, wie man einen Wunsch am besten formuliert, damit er auch in Erfüllung geht. Vielleicht kann Paula ihr wenigstens damit helfen. Sie tippt auf einen kleinen Briefumschlag, um ihr eine persönliche Nachricht zu schicken.

Hi Amelie_04,
hab gerade deinen Wunsch gelesen. Wenn du wirklich an den Quatsch hier glaubst, darfst du deine Wünsche niemals negativ formulieren. Denn dein Unterbewusstsein oder das Universum oder wer auch immer verste-

hen ein „nicht“ oder „un“ nicht. Da oben kommt jetzt nur an, dass du dir die Scheidung wünschst. Schreib also besser was anderes!

LG Paula

PS: Ich leite dir mal den Text dazu weiter ...

„Bedenke, dass dein Wunsch sehr genau formuliert sein muss! Variiere deinen Wunschsatz und aktualisiere ihn, falls du ihn noch positiver oder konkreter ausdrücken kannst.“

Erleichtert drückt Paula die Entertaste. Wenigstens eine gute Tat heute, wenn sonst schon alles doof war.

# Leni

Meinst du nicht, dass dein Kleiderschrank schon überquillt?", fragt Lenis Mama, ohne von den Zwiebeln aufzusehen, die sie gerade schneidet.
„Ich habe trotzdem nichts anzuziehen!", jammert Leni.
Ihre Mutter wirft ihr einen kurzen belustigten Seitenblick zu.
„Ich meine, das sind alles Sachen, die ich nicht mehr anziehen kann, weil ...", hilflos sucht Leni nach überzeugenden Argumenten, „... na ja, weil die eben kein Mensch mehr anziehen würde!"
„Verstehe ich nicht. Die hast du dir doch selbst ausgesucht!"
Leni schnauft und rollt mit den Augen, während ihre Mama in aller Seelenruhe den Kartoffelsalat fürs Abendessen vorbereitet.
„Mama, du brauchtest früher bestimmt auch mal neue Klamotten, als du in meinem Alter warst!" Trotzig setzt Leni sich auf den Barhocker am Küchentresen, um ihrer Mut-

ter direkt in die Augen schauen zu können. Sie muss doch begreifen, wie wichtig Leni das Thema ist!

„Als ich so alt war wie du, habe ich keinen Pfennig Taschengeld bekommen! Ich habe mir alles selbst verdient und hatte nie ein iPhone oder eine Designerhandtasche. Und stell dir vor, mein Liebling, ich habe es überlebt!" Ungerührt öffnet ihre Mama ein Glas saure Gurken.

„Das ist unfair! Damals gab es ja noch gar keine Handys!", ruft Leni wütend. „Außerdem passen mir die meisten Sachen gar nicht mehr richtig!"

Im selben Moment bereut sie, dass sie laut geworden ist, aber ihre Mama ist so ungerecht! Leni ist ja durchaus dankbar für alles, was sie hat, aber sie kann sich doch nicht mehr in die Jeans von vor zwei Jahren quetschen!

„Das liegt aber nicht allein daran, dass du in die Höhe geschossen bist, junge Dame! Und jetzt will ich nichts mehr davon hören!"

*Dass ihre eigene Mutter nun auch noch meint, sie sei dick geworden, ist echt oberfies!*

Als ihre Mama sich abwendet, um Schnittlauch am Spülbecken zu waschen, reicht es Leni endgültig. Ohne ein Wort geht sie auf ihr Zimmer und schmeißt sich heulend aufs Bett. Wie gemein ist das bitte?! Was kann sie dafür, dass sie nicht nur Grünfutter mag wie ihre Mutter und kein dürres Strichmännchen ist?! Wie oft haben sie schon darüber gestritten, dass Leni ja angeblich nur zu bequem sei, ihre Speckröllchen wieder loszuwerden? Dabei haben ihre Eltern keine Ahnung, wie sehr sie sich schon deswegen gequält hat! Von Nulldiät über Low Carb bis hin zu FdH hat sie schon alles versucht – aber nichts hat geholfen!

Schon aus Trotz greift sie in ihre Nachttischschublade und gönnt sich einen Schokoriegel.

*Mmh, das tut gut!*

Nein, sie muss wirklich etwas Grundlegendes ändern, beschließt Leni und wischt sich die Tränen aus dem Gesicht. Sie steht auf und betrachtet sich von oben bis unten im großen Spiegel, der auf der Rückseite ihrer zugeknallten Zimmertür hängt.

Ein dunkelblondes Mädchen starrt ihr mit grimmiger Miene entgegen. Leni seufzt. Wie soll sie denn Selbstbewusstsein tanken, wenn sie es noch nicht einmal schafft, ihr Spiegelbild freundlich anzugucken? Punkt fünf auf ihrer Liste erscheint ihr wieder genauso unerreichbar wie der Mars.

Zum Glück ist morgen der letzte Schultag. Endlich keine

Gefahr mehr, Nick versehentlich in die Arme zu laufen. Natürlich weiß sie, wo er sich meist aufhält. Inzwischen gelingt es ihr sogar, höchst professionell wie ein Bondgirl, das Objekt ihrer Begierde zu observieren, ohne dass er oder andere es bemerken. Abgesehen von Flo natürlich, die schon etwas genervt ist, ihre Pausen immer in Nicks Nähe zu verbringen. Flo ist ihr Alibi. Sie muss so tun, als wären Leni und sie gerade in ein wichtiges Gespräch vertieft. Dabei kann Leni ihrer Freundin überhaupt nicht zuhören, solange sie Nick über Flos Schulter hinweg beobachtet.

Ach, wie schön wäre es doch, wenn die berühmte gute Fee käme, die ihr ihren Herzenswunsch erfüllen und sie auf der Stelle in eine Elfe verwandeln würde! Dann würde sie Nick einfach verzaubern, träumt Leni.

Sie dreht sich um neunzig Grad und betrachtet sich mit zusammengekniffenen Augen im Profil. Wenn sie so weitermacht, kann sie bald nicht mehr ihren Bauch einziehen und im entscheidenden Moment so tun, als sei sie in shape.

Die Vorstellung, Nick könnte sich rein gar nicht für sie interessieren oder, schlimmer noch, sie doof oder hässlich finden, ist kaum auszuhalten. Dass sie ihm aber trotzdem jeden Morgen begegnen und ihn automatisch weiterbewundern müsste, wäre die Hölle. Jeder Liebeskummer geht vorüber, aber doch nur, wenn die Ursache dafür nicht mitten im Klassenraum sitzt!

*Nein, ich muss mich ändern, und zwar auf der Stelle!*

Leni tritt näher an den Spiegel heran und blickt sich fest in die Augen. „Leni Engels, ab jetzt nimmst du dein Glück selbst in die Hand!“

Entschlossen setzt sie sich wieder aufs Bett und greift nach ihrem Handy. Es muss doch irgendeine App geben, die wirklich brauchbare Tipps für den Weg zur Wunschfigur liefert. Das Netz ist doch voll von Schlankheitskuren und Schönheitsgeheimnissen.

Und tatsächlich, sie findet Hunderte von Programmen, die man sich aufs Handy laden kann. Doch als Leni genauer hinguckt, ist sie enttäuscht. Viele Apps sehen verlockend aus, bieten aber doch nur Kalorien-Tabellen oder Diagramme, mit denen man sein Gewicht kontrollieren kann. Auch wenn Leni in Mathe eine Niete ist, im Kalorienzählen ist sie seit Monaten ein Vollprofi, wenn auch ohne sichtbares Ergebnis.

Die Schlankheitskuren versprechen alle schnellstmöglichen Erfolg, wollen aber auch das meistmögliche Geld. Wäre sie ein Promi wie Daniela Katzenberger mit dem alleinigen Luxusproblem, sich nach der Schwangerschaft in ihr Designer-Hochzeitskleid hungern zu müssen, könnte sie sich ihre Turbo-Power-Shakes fürs Wunschgewicht vom Hersteller sponsern lassen. Doch an die 100 Euro für irgendein Pulver zu bezahlen, das sie wie von Zauberhand satt und schlank machen soll, erscheint Leni ziemlich fragwürdig. Da müsste schon ein Wunder geschehen, denkt sie und tippt das Wort aus Spaß in die Suchmaske ein.

*Oh ... wie nice ist das denn?!*

Als sie das süße Symbol mit der Sternschnuppe entdeckt, hat Leni sofort ein Kribbeln im Bauch. „Sternschnuppengeflüster – deine Wunsch-Wunder-App". Leni muss kichern: Sogar mit Wundern kann man anscheinend Geld verdienen!

Gespannt überfliegt sie die Seiten und bleibt bei einem dunkelblauen Nachthimmel mit ganz vielen Sprechblasen hängen. Darin stehen unzählige Wünsche – und einige davon scheinen sogar in Erfüllung gegangen zu sein!

Eine „Sandy_downunder" hat sich gewünscht, durch Australien zu reisen, und über diese Wunsch-Wunder-App jemanden kennengelernt, der den gleichen Wunsch hatte. Ein „misterx" wollte den ersten Platz bei „Jugend forscht" belegen und offenbar hat es geklappt, wie ein Foto von ihm

mit Urkunde und komischem Solarfahrzeug beweist. Und ein „Martin_L." hat es geschafft, seine Jugendliebe wiederzufinden, mit der er zusammen zur Schule gegangen ist.
*Nein, so weit darf es nicht kommen!*
Im Geiste sieht Leni schon vor sich, wie sie ihren womöglich niemals auf die Welt kommenden Enkeln gesteht, dass sie ihre große Liebe gar nicht kennengelernt hat. Weil er sie immer übersehen hat. Obwohl sie ihm täglich im Klassenzimmer begegnet ist. Stattdessen verliebte er sich in ein Topmodel, heiratete sie auf einer VIP-Hochzeit auf Sylt und führte mit seiner Vorzeigefrau und seinen vier bildhübschen Kindern ein Jetset-Leben, wohingegen sie sich nie wieder verliebte und bis zum bitteren Ende einsam und allein blieb.
*Nein, so darf ich wirklich nicht enden!*
Und was kann es schon schaden, den lieben Gott oder sonst wen zu bitten, ihr bei ihrem größten Herzenswunsch zu helfen?
*Jetzt braucht sie nur noch einen Nickname …*
Leni klickt auf Registrierung und meldet sich kurzerhand mit „Pummeline" an. Kürzlich las sie im Internet ein Gedicht über ein „Lieschen Pummeldoof", das wirklich witzig war, weil diese auch nie Nein sagen konnte, genau

wie Leni zu Schokocrossies, Erdnussflips und Nutellatoasts.
Schon allein dieser erste Schritt ins Glück fühlt sich einfach gut an. Viel besser jedenfalls, als jeden Morgen vor den Spiegel zu treten, in der Hoffnung, sie habe sich über Nacht in eine schlanke Schönheit verwandelt. Nun kann sie ihren Wunsch wenigstens in die Welt tragen! Wie sonst sollen kosmische Kräfte von ihrer dringenden Herzensangelegenheit erfahren und sie unterstützen?
*Pling!* Ein kleiner Briefumschlag leuchtet auf. Aufgeregt öffnet Leni die Nachricht.

Liebe Pummeline,
willkommen bei „Sternschnuppengeflüster“ – deiner Wunsch-Wunder-App! Jetzt sind es nur noch wenige Schritte und schon kann dein Wunsch in Erfüllung gehen!

1. Bitte wähle eine passende Kategorie für deinen Wunsch aus.

Cool, denkt Leni und scrollt sich durch. *Familie, Job, Schule, Sport, Stars* ... Natürlich finden sich die meisten Wünsche in der Kategorie „Liebe“. Leni öffnet die Liste und plötzlich tauchen überall auf dem dunklen Himmel kleine Sprechblasen auf, die neuesten ganz oben.

Ich wünsche mir, dass mein Exfreund zu mir zurückkommt! *Susa34*

Ich wünsche mir so sehr, dass mein Lehrer mich genauso toll findet wie ich ihn. *Roxy*

Sofort hat Leni das Gesicht ihres uralten Mathelehrers – der bestimmt schon fünfzig, wenn nicht gar hundert ist – vor Augen und es schüttelt sie innerlich. Schnell liest sie den nächsten Hinweis:

2. Schreibe deinen Wunsch in das Textfeld. Achte darauf, dass du ihn klar und deutlich formulierst und keine Verneinung benutzt, z. B., „Ich wünsche mir, in die 11. Klasse zu kommen“ statt „Ich wünsche mir, in der 10. Klasse nicht sitzen zu bleiben“.

Mit klopfendem Herzen starrt Leni auf die leere Sprechblase, in die sie ihren größten Wunsch eintragen soll. Ihre Finger zittern, als sie tippt:

Ich wünsche mir, dass sich Nick auf der Stelle in mich verliebt!

Diesen magischen Satz murmelt sie mehrmals hintereinander, bis sie schließlich etwas entmutigt in den Spiegel schaut.
Nein, irgendwie fühlt sich das nicht richtig an. In ihrer Fantasie sieht sie Nick, wie er gerade eine hässliche Kröte küsst, die einfach keine schöne Prinzessin werden will. Also löscht sie die Zeile wieder, überlegt kurz und unternimmt einen neuen Versuch:

Mein größter Wunsch ist, mit Nick W. zusammen zu sein.

Check, denkt Leni hoch motiviert. Das ist es!

3. Lege den Beginn und das Ende deiner Wunscherfüllung fest.

Zufrieden gibt sie als Starttermin das morgige Datum, den 19. Juli, an und als Zieltermin den 31. August, den ersten Schultag. So genau kommt es ihr auf den Tag ja auch gar nicht an. Hauptsache ist doch, sie wird sich im Laufe der Ferien von einem selbstzweifelnden Stalker in eine von Nick begehrte Traumfrau verwandeln!

4. Schicke deinen Wunsch ins Universum.

Leni drückt auf den Button mit der Sternschnuppe. Im nächsten Moment verdunkelt sich der Bildschirm und ihre kleine Sprechblase verschwindet im blauen Nachthimmel. Um sich zu vergewissern, dass ihr Wunsch auch gepostet wurde, klickt Leni noch mal auf die Kategorie „Liebe“. Und tatsächlich, dort thront er ganz oben wie ein goldener Stern, der endlich in vollem Glanz erstrahlen kann.

*Pling!* Ein kleiner Briefumschlag signalisiert ihr den Eingang einer neuen Nachricht. Neugierig öffnet sie ihn.

Herzlichen Glückwunsch, liebe Pummeline! Dein Wunsch ist angekommen! Ab sofort wirst du täglich eine Nachricht von uns erhalten. Vergiss nicht: Es ist wichtig, dass du fest an die Erfüllung deines Wunsches glaubst!

Alles Gute und viel Glück wünscht dir dein Wunsch-Wunder-Team

PS: Nutze doch auch unser Forum, um Kontakte zu knüpfen und dich mit anderen über deinen Wunsch auszutauschen.

STERNSCHNUPPENGEFLÜSTER macht auch dein Leben in dieser Welt bunter, erfüllter und dadurch ein bisschen besser.

Leni seufzt.
*Das wäre ja zu schön, um wahr zu sein.*

# Amelie

*Ist das wahr?*

Ungläubig starrt Amelie auf die Nachricht, die ihr eine Paula geschickt hat. Sie soll ihren Wunsch anders formulieren?

*Was geht die das an?*

Bestimmt hatte diese Paula noch nie Familienprobleme und ihre einzige Sorge ist, ob ihr nächster Urlaub auf die Malediven oder die Bahamas geht. Schlecht gelaunt klickt Amelie auf das Profil.

*Ha! War ja klar!*

Paula wünscht sich, eine professionelle Schauspielerin zu werden. Und natürlich sieht sie aus wie ein Topmodel mit ihren langen blonden Haaren und dem makellosen Gesicht. Wahrscheinlich ist das auch der Grund, warum sie überhaupt ein echtes Foto als Profilbild reingestellt hat, denkt Amelie. Die meisten haben irgendein Fake-Bild oder gar keins, so wie sie. Womöglich will diese Paula auf eine solch bescheuerte Art auch noch entdeckt werden! Dabei hat die garantiert nix im Hirn, sondern bloß einen schönen Hintern. Weiß doch jeder, dass die wenigsten Soap-Darsteller ernsthaft eine Karriere hinlegen.

Amelies Magen grummelt.

*Vielleicht sollte ich doch mal einen Happen frühstücken?*

Auf Zehenspitzen schleicht sie zu ihrer Zimmertür, um zu horchen, ob die Luft rein ist. Weder ihr Paps noch ihre Mum sind irgendwo zu hören. Das riesige Haus wirkt schon jetzt wie verlassen. Echt gruselig. Aber immer noch besser, als ihren Eltern in die Arme zu laufen und womöglich ein Krisengespräch zu führen. Sie hat die Worte schon im Ohr: „Amelie, wir müssen mit dir reden" oder: „Es gibt etwas Wichtiges, was wir mit dir besprechen müssen". So war es auch vor zwei Jahren, als sie ihr schonend versucht haben beizubringen, dass sie nach Norddeutschland ziehen, weil ihr Paps einen neuen, noch besser bezahlten Job in Hamburg angenommen hat. Und dann wird es kommen, dieses böse Wort mit S: S-C-H-E-I-D-U-N-G!

Mit klopfendem Herzen geht Amelie nach unten, wo sie sich in der großen Halle erst einmal umsieht. Seltsam, die Handtasche ihrer Mutter steht auf der Bank im Flur. Und auch das Auto ihres Vaters ist da. Die beiden haben sich also entweder gegenseitig umgebracht oder sind einfach ohne Sack und Pack voneinander weggelaufen. Auch in der Küche finden sich keine Anzeichen, dass sie an diesem Morgen schon einmal genutzt wurde, wie sie überhaupt viel zu selten genutzt wird. Sie kann sich nicht erinnern, wann sie alle mal zusammen gekocht haben.

*Aber vielleicht ist es auch besser so!*

Je weniger schöne Erinnerungen Amelie im Herzen hat, desto weniger schmerzhaft wird der Blick zurück sein. Sie öffnet den immerhin gut gefüllten Kühlschrank, um sich ein Brot zu schmieren. Nur die Butter ist nirgends zu entdecken. Also nimmt sie sich einen Mango-Joghurt und einen Löffel. Die Sonne scheint brutal hell durch die riesigen Küchenfenster. Vielleicht sollte ich mal frische Luft schnappen, denkt Amelie und öffnet die Terrassentür. Gerade als sie es sich auf dem Loungesofa gemütlich machen will, hört sie ihren Paps ungewohnt gut gelaunt rufen: „Na, junge Dame? Endlich ausgeschlafen?"

Erschrocken fährt Amelie herum und sieht ihn auf der anderen Terrasse hinter der Hausecke in der Sonne sitzen. Amelie schlägt das Herz bis zum Hals, weil sie jetzt auf ihn zugehen muss.

Sie kann es nicht fassen. Als sie um die Ecke biegt, frühstü-

cken ihre Eltern in harmonischer Eintracht am reichlich gedeckten Tisch, so als wäre nie etwas gewesen.
„Guten Morgen, Liebes! Du hast heute aber lange geschlafen“, begrüßt sie ihre Mum ebenso seltsam fröhlich.
Sie zieht den Stuhl neben sich vom Tisch weg und macht eine einladende Geste, dass Amelie sich zu ihr setzen soll. Wie ferngesteuert gehorcht sie schweigend.
*Was ist hier los?*
„Alles in Ordnung, Ami? Du wirkst so traurig“, bemerkt ihr Vater und legt behutsam seine Hand auf ihre.
Amelie muss schlucken und ihre Tränen unterdrücken. Auf keinen Fall will sie diejenige sein, die das Thema anspricht.
„Hab nicht so gut geschlafen“, sagt Amelie wahrheitsgemäß und greift sich ein frisches Brötchen aus dem Korb, den ihre Mum ihr reicht.
„Nur Joghurt macht dich sicher nicht satt. Und ein paar Pfunde mehr auf den Rippen können dir nicht schaden.“ Ihre Mum zwinkert ihr zu.
„Wir machen uns Sorgen um dich, meine Kleine! So langsam wird es Zeit, dass du hier in Lüneburg ankommst. Wir wollen dich endlich wieder lachen sehen!“, ergänzt ihr Paps und legt die dicke Samstagsausgabe seiner Zeitung zur Seite.

*Wenn die wüssten!*
„Was wollen wir denn nun mit dem Rest der Ferien anfangen?"
Ihre Mum strahlt sie mit ihren weißen Zähnen an. Ihre schönen, stets perfekt geschminkten Augen leuchten regelrecht.
Amelie zuckt mit den Achseln und vermeidet, so gut es geht, jeden weiteren Blickkontakt – aus Angst, ihre Eltern würden sehen, wie viel sie geheult hat.
„Keine Ahnung. Wir wollten doch an die Ostsee?", entgegnet sie gespielt desinteressiert, während sie ihre untere Brötchenhälfte mit Butter beschmiert. Dabei schießt ihr Körper ganze Adrenalinbomben durch ihre Adern, weil Amelie panisch darauf wartet, dass jetzt alles rauskommt.
Und tatsächlich. Ihr Paps horcht auf und wendet sich ihr zu. Amelie erstarrt vor Anspannung. „Deine Mutter und ich haben noch mal geredet und beschlossen, dass ihr den Ostsee-Urlaub dieses Jahr allein verbringt."
*Geredet? Ist klar ...*
Amelies Magen verkrampft sich augenblicklich.
*Nein, bitte! Das könnt ihr mir nicht antun!*
„Und warum?", hört Amelie sich leise fragen, obwohl sie es nicht wissen will.

Ihre Eltern werfen sich einen vielsagenden Blick zu.
Nun rutscht auch ihre Mum näher an sie heran. „Dein Vater hat noch einiges zu erledigen."
Irritiert schaut Amelie in seine graublauen Augen hinter der modernen, fast randlosen Brille.
„Mein Job …"
*Oh nein, er räuspert sich und findet nicht die richtigen Worte. Das heißt, er lügt!*
„Ich bin noch nicht lange genug dabei, um schon Urlaub einzureichen. Es macht keinen guten Eindruck, wenn der Chef nach so kurzer Zeit verreist." Mit einem zufriedenen Lächeln in Richtung seiner Frau lehnt er sich wieder zurück und verschanzt sich hinter seiner Zeitung.
Ungläubig starrt Amelie auf ihr unangetastetes Brötchen. Sie bekommt keinen Bissen runter. Sie weiß einfach, dass ihre Eltern ihr etwas vormachen.
„Hast du keinen Hunger, Liebes?"
Amelie schüttelt langsam den Kopf.
„Nimm es nicht so schwer!", sagt ihre Mum und streichelt ihr übers ungekämmte Haar, „wir werden auch ohne Paps eine gute Zeit haben!"
*Das ist zu viel!*
„Ich leg mich noch mal hin", presst Amelie hervor und

springt von ihrem Stuhl auf. Erst als sie um die Ecke gebogen und sich sicher ist, dass niemand sie sieht, lässt sie ihren Tränen endlich freien Lauf.

# Paula

Lustlos stochert Paula mit einem Strohhalm in ihrem Eiskaffee rum. Irgendwie hat sie gehofft, Lissy hier zu treffen. Mit ihrem Freund. Das wäre immer noch besser gewesen, als in ihrem Stammcafé ganz allein rumzuhängen. Abgesehen von den gefühlt hundert Ausflüglern natürlich, die dafür sorgen, dass Giovanni kaum noch hinterherkommt mit den Bestellungen.
Paula schaut auf ihr Handy, um zu checken, ob Lissy sich vielleicht doch noch gemeldet hat.
Nope!
*Es ist doppelt deprimierend, eine Krise ganz allein durchzustehen ...*
Also klickt Paula noch einmal auf die Seite ihrer Lieblingsschauspielschule, obwohl sie die Ausschreibung für das Casting längst auswendig kennt. Zu gern wüsste sie, wie viele Plätze zu vergeben sind und wie viele Leute sich bewerben werden. Kurz zögert Paula, ob sie es nicht ein-

fach wagen sollte. Ein paar Angaben im Online-Formular zu ihrer Person und ein Demo-Video hochladen, das beweist, dass sie was auf dem Kasten hat. Das ist schnell gemacht. Doch womöglich würde sie tatsächlich zum Casting eingeladen und ausgewählt werden. Und dann wäre die Enttäuschung umso größer, wenn sie den Vorbereitungskurs absagen müsste, weil ihre Eltern ihr den Schauspielunterricht gar nicht erlauben! Mit einem tiefen Seufzer schließt Paula die Seite wieder.

Da von ihrer treulosen Freundin noch immer nichts zu sehen oder zu hören ist, checkt sie erst mal ihre Mails. Dort hat sie neben viel Spam auch eine automatisch erstellte Nachricht ihrer Wunsch-Wunder-App, die einen neuen Beitrag in ihrem Chat ankündigt. Gelangweilt öffnet Paula ihn.

Amelie_04:
Danke für den Tipp! Du hattest total recht. Das Drama hat sich eher noch verschlimmert. Hab meinen Wunsch schnell umformuliert und hoffe wie du auf ein Wunder. Das mit in andere Rollen schlüpfen war nur Blabla – ich meinte eher, ich würde im Moment lieber in ein anderes Leben schlüpfen ... LG Ami

Paula geht auf Antworten:

> Ja genau, das ist es, was an der Schauspielerei so toll ist! Man kann sich im Nullkommanichts in ein anderes Leben beamen und schon sind all die eigenen Sorgen für eine Zeit lang vergessen! Ich drück dir die Daumen, dass dein Wunder bald wahr wird!

*Die arme Amelie!*

Klar, Paula findet ihre Eltern oft ungerecht und gemein. Aber die Vorstellung, sie würden sich scheiden lassen, ist der absolute Horror. Schließlich liebt Paula ihre Mutter, genauso wie ihren Vater und ihre kleinen Geschwister natürlich auch. Wenn ihr Dad woanders leben und noch weniger Zeit mit ihnen verbringen würde, hätte ihre Mutter wahrscheinlich noch schlechtere Laune. Und Alleinerziehende können bekanntlich erst recht keine großen Sprünge machen, wenn es ums Geld geht. Dann müsste Paula vielleicht noch mehr jobben, um sich ein paar Extras leisten zu können.

In dieser Sekunde fällt ihr Blick auf einen Zettel am Eingang von „Giovannis Bar“:

*Aushilfe gesucht!*

Ihr Herz beginnt schneller zu schlagen.
*Das muss ein Zeichen sein!*
Sie denkt an einen Job und schon wird er ihr auf dem Silbertablett serviert! In dem Moment tritt Giovanni an ihren Tisch, um ihren leeren Eiskaffee-Becher abzuräumen.
„Kann ich dich was fragen?“ Lächelnd stupst Paula ihn an.
Giovanni stoppt und wendet sich ihr mit einem wie immer breiten Grinsen zu: „Willst du zahle, bella Paulinchen?“
„Im Gegenteil, ich würde gern Geld von *dir* bekommen!“, antwortet Paula mit einem verschmitzten Lächeln und deutet in Richtung des Aushangs.
Verdutzt blickt Giovanni sie an, dann hellt sich sein Gesicht auf. „Du willste meine Aushilfe sein?“, fragt er begeistert.
„Wir haben doch bald Ferien und ich könnte ein bisschen Kohle gut gebrauchen!“
Paula ist selig, als ihr Giovanni sagt, sie könne sofort anfangen, weil er dringend Unterstützung brauche. Nachdem sie bezahlt und versichert hat, dass sie das Ganze so schnell wie möglich mit ihren Eltern klären werde, verabschiedet sie sich gut gelaunt.
*DAS ist der erste entscheidende Schritt!*

Voller Optimismus schwingt Paula sich aufs Fahrrad, um nach Hause zu fahren. Wenn alles gut geht, hat sie schon bald einen Job, mit dem sie vielleicht ihren Traum von der Schauspielausbildung finanzieren könnte.

# Leni

Endlich ist der letzte Schultag da. Genervt scannt Leni die Regale in ihrem Kleiderschrank. Doch sie findet nichts, worin sie sich wohlfühlt. Selbst die besten Vorsätze haben bislang nichts gebracht außer Frust. Sogar ein halbes Kilo mehr hatte sie heute Morgen auf der Waage, obwohl sie gestern zwanzig Minuten gejoggt ist und weder Chips noch Schokolade, sondern nur Grünzeug ohne Zwischenmahlzeiten gegessen hat!

*Eigentlich ist es ja auch egal, was ich anziehe.*

Leni versucht, ihre schlechte Laune zu verdrängen. Die paar Stunden wird sie auch noch unentdeckt rumbringen. Und wenn es keine Zeugnisse gäbe, würde sie glatt eine Sommergrippe vortäuschen, so mies fühlt sie sich wegen dieses Rückschlags.

*Pling!* Eine Nachricht erlöst sie kurz von ihrem frustrierenden Klamottenproblem und schafft es doch glatt, ihr ein Lächeln auf die Lippen zu zaubern. Denn vor ihren

Augen fällt eine Sternschnuppe vom nachtblauen Himmel und wird immer größer, bis der Stern den ganzen Bildschirm ausfüllt. Im nächsten Moment erscheint die Nachricht:

Liebe Pummeline!

Heute ist der 1. von 44 Tagen bis zur Erfüllung deines Wunsches. Nutze ihn und fühl dich schon jetzt so, als sei dein persönliches Wunder bereits geschehen. Nutze jede freie Minute, es dir mit allen Sinnen bewusst zu machen!

Dein Wunsch-Wunder-Team

Doch sosehr Leni sich auch bemüht, es fühlt sich noch lange nicht so an, als hätte sie sich irgendeinem Punkt auf ihrer Liste auch nur einen winzigen Schritt genähert. Das Beste wird sein, sich heute, so gut es geht, mit ihrem Käppi, ihrer gefakten Ray Ban und dem grau melierten Hoody zu tarnen. Leni macht noch eine Schnupperkontrolle, um sicherzugehen, dass er nicht müffelt. Zum Glück duftet er noch immer wie frisch gewaschen, was vermutlich daran liegt, dass sie gestern viel zu langsam gelaufen und überhaupt nicht ins Schwitzen geraten ist.

Muskelkater hat sie trotzdem und wird kaum aufs Fahrrad steigen können.
Leni guckt auf die Uhr. Noch eine gute Stunde Zeit, bis der Deutschunterricht bei ihrer Klassenlehrerin und damit die Zeugnisausgabe beginnt. Sie kann also den Bus nehmen, auch wenn sie zur Haltestelle kriechen muss.
Während Leni auf den Bus wartet, schaut sie noch einmal mit einem tiefen Seufzer auf ihre Liste und gleichzeitig verschämt auf ihre unsexy Fingernägel.
Sie muss unbedingt mit ihren Eltern reden. Wenn sie heute Abend essen gehen, um wie jedes Halbjahr ihr mehr oder weniger gutes Zeugnis zu würdigen, wird Leni ihnen einen fairen Deal vorschlagen: Ihre Eltern erlauben ihr French Nails und dafür wird Leni nie wieder ihre Nägel anknabbern. Ihrer Mama und ihrem Papa MUSS doch einfach an ihrem Wohl gelegen sein, genau so wird sie sich ausdrücken. Da können die für ihr Zeugnis, in dem sie ihre erste Drei in Mathe ever hat, wenigstens ein Mal künstliche Nägel springen lassen!
Wenn Leni mehr Zeit hätte, überlegt sie, wäre das womöglich auch die richtige Taktik für ihre Haare. Sie würde sie von schulter- auf hinternlang wachsen lassen, damit ihre Eltern sie allein schon aus Mitleid zum Friseur schicken

müssten. Und nachdem der sie von den jämmerlichen Fusseln befreit hätte, würden sie ihr zum Trost sicher auch Extensions spendieren.
Dummerweise hat sie nur noch sechs Wochen und wenn überhaupt nur eine einzige Chance auf top gestylte Haare. Also bleibt ihr nichts anderes übrig, als ihr letztes Geld aus ihrer peinlichen Bibi-Blocksberg-Spardose zusammenzukratzen und heimlich zum Friseur zu gehen. Natürlich braucht sie auch noch Geld für neue Klamotten. Ihre roten Chucks sind total ausgelatscht, ihre H&M-Jeggings kneift und der ausgewaschene Oversize-Pulli passt ihr inzwischen erschreckend gut. Die Farbe ihres Käppis ist Pink und beißt sich mit ihren Schuhen und ihrer lilafarbenen Möchtegern-Designertasche. Sie gibt ein ziemlich erbärmliches Bild ab und hofft, diesen einen letzten Schlemmer-Schlumpf-Schlabberlook-Schultag einfach hinter sich zu bringen, nach dem es nur noch besser werden kann.
Doch bei dem Gedanken, ihre Eltern vor vollendete Tatsachen zu stellen, wird Leni jetzt schon schlecht. Da muss sie wirklich ihren ganzen Mut aufbringen. Und damit kann sie dann auch gleich Punkt fünf ihrer Liste in Angriff nehmen: Selbstbewusstsein stärken!
Als der Bus endlich kommt, stopft Leni ihre Liste eilig in die

Hosentasche und springt rein. Sie hat fast freie Platzwahl, setzt sich in die dritte Reihe und hält entlang der Straßen Ausschau nach einem Nagelstudio oder Friseur, der sie und ihr wahres Alter nicht kennt. Sie wird einfach, wie von Flo vorgeschlagen, behaupten, sie sei schon sechzehn, und darauf hoffen, dass man ihr glaubt.
*Pling!* Leni freut sich, dass sie schon wieder eine Nachricht vom Wunsch-Wunder-Team bekommen hat.
*Wenn das kein gutes Zeichen ist!*
In dem Moment wird sie auf denkbar brutalste Weise auf den harten Boden der Realität zurückgeschleudert. Drei Jungs steigen in den Bus ein. Und einer von ihnen sieht IHM ziemlich ähnlich!
Oh, mein Gott!!!
Leni kann es einfach nicht fassen und muss sich zwingen, ihren Mund wieder zu schließen ... einer von ihnen ist NICK! NICK WILKE geht an ihr vorbei und setzt sich mit den anderen beiden auf die letzte Bank – wie Leni feststellt, als sie mit gigantischem Herzklopfen für eine Millisekunde nach hinten guckt, um sich zu vergewissern, dass er es wirklich ist.
*ER IST ES! Ich sterbe!!!!!!!*
Stocksteif hockt Leni auf ihrem Platz. Leider kann sie nicht

verstehen, was die drei reden. Sie unterhalten sich und lachen ab und an. Also wendet sie sich mit einem Stoßgebet in Richtung Himmel oder Gott oder sonst wen, dass sich die Jungs bitte nicht über sie lustig machen mögen. Gerade als sie im Stillen fleht: „Bitte, bitte, mach, dass er mich nicht erkennt in meinem erbärmlichen Zustand!“, tippt ihr jemand von hinten an die Schulter.
„Sorry, dass ich dich anquatsche. Aber du bist doch in der 8b, oder?“, hört sie Nicks Mund sagen, ohne wirklich etwas zu verstehen.
Leni starrt einfach in sein unverschämt hübsches Gesicht und bringt kein Wort heraus.
„Ich komme nach den Ferien in eure Klasse.“
*Funkloch.*
„Vielleicht kannst du mir ja mal bei Gelegenheit beibiegen, was mich bei euren Lehrern erwartet und wo ihr so steht?“
In Lenis Hirn will sich einfach kein Wort formen, geschweige denn eine Antwort, die ihn beeindrucken könnte.
„Alles o. k.?“
Reiß dich zusammen, ermahnt sich Leni und versucht dann endlich, etwas zu sagen, das nicht nach Wassermelonen wie in *Dirty Dancing* klingt: „Äh, klar.“
„Willst du mir deine Nummer geben?“

*Ich glaub es nicht!!!*

Wie lange hat Leni auf diese Frage gehofft und gewartet?! Allerdings hat sie sich das Drumherum immer etwas anders, nämlich deutlich romantischer und entspannter vorgestellt.

„Äh, klar."

Nick hebt fragend seine Augenbrauen und Leni kann nicht anders, als seine ganze überwältigende Erscheinung abzuchecken. Seine Wuschelhaare, sein Grübchen an der linken Wange, sein grünes Longsleeve, das perfekt zu seinen tollen Augen passt ...

Er legt sein Skateboard beiseite, holt tief Luft und sein Handy hervor.

Leni spürt, wie ihr Blut ins Gesicht und eine Riesenladung Adrenalin durch den Körper schießt. Wie soll sie in dieser Ausnahmesituation bloß ihre Nummer unfallfrei aufsagen?

„Äh, warte mal!", presst Leni raus und kramt ihrerseits ihr Smartphone hervor. Sie hofft inständig, dass Nick ihre zittrigen Hände nicht bemerkt und ACH DU SCHRECK unter keinen Umständen ihr Hintergrundbild mit seinem Profilfoto oder irgendwelche Ankündigungen der Wunsch-App. Das wäre ihr Ende.

*Plötzlicher Herzstillstand!*

Geschickt hält sie ihr Telefon vor ihr nahezu ungeschminktes Gesicht, sodass er ja nicht aufs Display gucken kann.
*Wieso nur hab ich mich ausgerechnet heute so gehen lassen?*
„Sag mal deine Nummer eben!"
Etwas irritiert rückt Nick dann tatsächlich seine Nummer raus und Leni tippt sie ein, um ihn umgehend anzuwählen.
Wenige Augenblicke später ertönt die Titelmusik von *Game of Thrones* und Leni muss unweigerlich schmunzeln. Für einen winzigen, aber ultramagischen Moment treffen sich ihre Blicke, was Leni sofort auf Wolke sieben katapultiert.
Doch dann trifft sie der Schlag.
*Bitte nicht!!!*
Nicks Bildschirm ziert eine Blondine! Sie hat es ganz genau gesehen, auch wenn es nur ganz kurz war, weil er ihre Nummer offenbar sofort korrekt in seinem Telefonbuch abspeichern will.
„Wie heißt du eigentlich?", fragt er, ohne aufzusehen.
Und Leni will schon antworten: „Unglücklichster Mensch der Welt." Doch dann schafft sie es, ganz emotionslos ihren Namen zu sagen.
„Weiß ich doch, deinen Nachnamen meine ich."
Zu den 99 Prozent Schock und Trauer gesellt sich immerhin ein Prozent Glückseligkeit.

*Nicklas Wilke kennt meinen Namen!*
Das ist einfach unglaublich, findet Leni und weiß nicht, ob sie lachen oder weinen soll. Sie nicken einander freundlich zu und dann steigt Nick auch schon aus, gefolgt von seinen beiden Kumpels aus der 9., die keine Notiz von ihr nehmen. Wie gelähmt klebt Leni auf ihrem Sitz und muss sich mit aller Kraft dazu zwingen, aufzustehen, um es noch rechtzeitig an der Schul-Haltestelle aus dem Bus zu schaffen. Als sie auf der Straße steht und der Bus mit ohrenbetäubendem Lärm weiterfährt, schaut sie den Jungs ungläubig hinterher und dann wie ein Unfallopfer wieder an sich hinunter, um zu überprüfen, ob ihr das Herz womöglich in die Hose gerutscht oder sie den Kopf verloren hat. Aber nein, es ist noch alles da. Bis auf ...
„Nein, das darf nicht sein!“, zischt Leni und durchsucht hektisch sämtliche Taschen, „das darf nicht sein, bitte!!“
Die Liste ist weg! Vielleicht aus der Hosentasche gefallen, als Leni ihr Handy rausgeholt hat.
Was, wenn Nick sich den Zettel gekrallt hat? Was, wenn seine Kumpel ihn gefunden haben und ihn ans Schwarze Brett hängen und ihren Namen dazuschreiben? Was, wenn ihn einer bei Insta postet? Was, wenn sie das alles eben nur geträumt hat? Was, wenn Nick mit dieser Blondine zusam-

men ist? Was, was, was ... so viele Fragen gehen Leni im Kopf herum. Sie braucht sofort psychologische Notfallbetreuung und schreibt Flo eine Nachricht:

hab IHN gerade im bus getroffen!!!! 😱 er hat jetzt meine nummer, aber vielleicht auch eine freundin. WO BIST DU??? schon angekommen?

Weil Flo ihr Handy offenbar nicht anhat oder zumindest die ersehnten blauen Häkchen nicht erscheinen, lässt Leni sich erst mal erschöpft auf die Bank im Wartehäuschen sinken. Auch, um den Jungs genügend Vorsprung zu lassen. Minutenlang starrt sie auf ihr Display, doch weil immer noch keine Reaktion kommt, klickt Leni sich schließlich durch die drei neuen Nachrichten, die sie noch nicht gelesen hat. Sie sind alle vom Wunsch-Wunder-Team und bloß eine Ankündigung, dass neue Kommentare in ihrem Thread eingegangen sind. Neugierig loggt Leni sich auf der Seite ein und liest:

Weiß dieser Nick denn von seinem Glück?

fragt eine Paula2000. Ein nasenbär18 kommentiert:

meinst du mich? ;-) heiße auch nick!

Kurz gefriert Leni das Blut vor Schock, weil sie fürchtet, Nick habe ihren Wunsch entdeckt. Aber niemals würde er sich so einen dämlichen Namen aussuchen, versucht sie sich sofort zu beruhigen. Der letzte Eintrag stammt von einer Amelie_04:

Kleiner Tipp: Du musst genau aufpassen bei dem, was du dir wünschst! „zusammen sein" kann auch bedeuten, dass ihr zusammen in einem Raum seid oder bei einer Veranstaltung mit vielen Leuten. Musste ich auch erst lernen. :-( Die Wunscherfüllungssache ist wohl ziemlich wörtlich zu nehmen, lg

*Aaaaaaaaaaaaah!*

Leni schafft es kaum, ihren Mund wieder zuzukriegen, so erstaunt ist sie über die neu gewonnene Erkenntnis. Wie naiv sie doch war! Sie wünscht sich, mit Nick zusammen zu sein, und schon ist sie es auch, aber ganz anders, als es gemeint war: im selben Bus zum denkbar ungünstigsten

Zeitpunkt! Sie ist also selbst schuld an diesem Super-GAU. Aber kann es wirklich wahr sein, dass die Wunscherfüllung funktioniert und dann auch noch so schnell?
*Wie unheimlich!*
Mit zittrigen Knien macht sie sich auf den Weg zum Schulgelände. Zu dumm, dass Flo schon auf der anderen Seite der Welt ist. Leni hätte jetzt megadringenden Redebedarf.

# Amelie

Amelie?“

Irgendwo ruft sie jemand. „Amelie?! Träumst du?“

*Was ist los?*

Erschrocken blickt Amelie von dem langweiligen Frauenmagazin ihrer Mutter auf. Offenbar konnte sie sich doch nicht so unsichtbar machen, wie sie gehofft hatte.

„Ist das nicht ein herrlicher Tag?“, fragt Tante Nanni und geht ein paar Schritte auf Amelie zu. „Mensch, du hast dich ja wirklich in der hintersten Ecke versteckt.“

Offensichtlich ist ihre Nachbarin gerade mit Gartenarbeit beschäftigt. Denn sie hat ihre rot-weiß gepunkteten Gummistiefel an und eine Schubkarre voller Unkraut vor sich.

„Geht so!“, erwidert Amelie, ohne es zu wollen.

Eigentlich hat sie sich vorgenommen, mit niemandem darüber zu sprechen, was los ist.

„Nanu, du hast doch Ferien und die Sonne scheint endlich mal wieder!“, wundert sich Tante Nanni.

Amelie seufzt leise und setzt ihre Sonnenbrille ab. Sie will nicht unhöflich erscheinen. „Schon. Aber ich langweile mich ein bisschen“, antwortet sie, was nicht einmal gelogen ist. Sie hat einfach keinen Schimmer, wie sie sich von ihrem Kummer ablenken soll. Noch nie hat sie sich weniger über die Schulferien gefreut als dieses Mal.

„Was?“, fragt Nanni ungläubig, stellt ihre Karre ab und kommt durch das Loch in der Rhododendronhecke zu Amelie rüber. „Langeweile ist doch eigentlich etwas ganz Tolles!“

Verwundert richtet sich Amelie auf, um Nanni etwas Platz auf ihrer Liege zu machen. „Ich finde das gar nicht toll, sondern ätzend.“

„Weißt du, was ich mache, wenn ich Langeweile habe?“, fragt Nanni und setzt sich neben sie.

Amelie zuckt mit den Schultern.

„Ich schließe die Augen ...“ Nanni hält inne und stößt Amelie an, damit sie gemeinsam ihre Augen schließen. „... und dann spüre ich ganz tief in mich hinein, wo dieses Kribbeln ist.“ Sie atmet tief durch.

Verständnislos öffnet Amelie wieder ihre Augen. „Was für ein Kribbeln denn?“

„Na, los!“, befiehlt Nanni noch einmal, „schließ deine Augen, atme tief ein und aus. Werde ganz still und fühle, was dich glücklich machen könnte. Jetzt, in diesem Moment!“

*Mich macht gar nichts mehr glücklich!*

Amelie schluckt. Sie hat Mühe, die Tränen zu unterdrücken, aber sie tut, was Nanni gesagt hat.

Nur – da ist nichts. Alles in ihr ist einfach nur leer.

„Und?“, fragt Nanni nach einer gefühlten Ewigkeit, „spürst du was?“

Amelie atmet schwer durch. „Sorry, aber das klappt bei mir nicht.“

Die Nachbarin lächelt nun umso freundlicher, streift sich ihre grün leuchtenden Handschuhe ab und legt ihren Arm behutsam um Amelie. „Wo drückt denn der Schuh? Hast du Liebeskummer?“ Nanni blickt sie mit ihren warmherzigen Augen an, die von zahlreichen Lachfältchen geziert werden.

Amelie lacht kurz auf.

*Wenn es nur das wäre!*

„Nein, es ist nichts. Ist nur doof, Ferien zu haben und keine Freunde sind in der Nähe.“

Nanni nickt verständnisvoll. „Meine Freundin wohnt auch sehr weit weg. In Südtirol. Wir sehen uns nur ein Mal im Jahr.“

„Wirklich?“ Amelie lächelt tapfer. „Wie funktioniert das? Also, dass ihr trotzdem noch befreundet seid?“

„Wir schreiben uns ganz viel!“

„Was jetzt? Nachrichten?“

Nanni lacht. „Nein, Briefe. So richtig mit Papier und Füllfederhalter! Aber eigentlich ist es doch ganz egal, wie man sich schreibt. Hauptsache, du tauschst dich aus.“

Amelie nickt. Das stimmt wohl. Aber wenn sie an ihre Freundin in Bayern denkt, hat sie überhaupt nicht das Bedürfnis, sich jemals wieder mit ihr auszutauschen. Was ihr die Freundschaft bedeutet, hat Melli ihr ja gezeigt, als sie ihrem Freund Timo erfolgreich schöne Augen gemacht hat.

„Ist denn niemand in deiner neuen Klasse, mit dem du mal etwas unternehmen könntest?“, will Nanni wissen.

Traurig schüttelt Amelie den Kopf. „Die Einzige, mit der ich ein bisschen abhänge, ist irgendwo in Asien im Urlaub.“

„Und deine Eltern und du, ihr fahrt nicht weg?“, fragt Nanni.

*Nein, wahrscheinlich nie wieder!*

Amelie beißt sich auf die Lippen. Wie gern würde sie ihren Kummer jetzt loswerden und einfach draufloserzählen, dass ihre Eltern sich scheiden lassen werden und sie deswegen das erste Mal allein mit ihrer Mum verreisen muss. Doch dann wäre es ausgesprochen und damit offiziell. Bestimmt würde Nanni direkt zu ihrer Mutter gehen. Und dann würde das Gespräch kommen, vor dem Amelie sich schon die ganze Zeit so fürchtet. Nein, das will sie auf keinen Fall.

„Paps muss arbeiten. Aber Mama und ich fahren demnächst zwei, drei Wochen an die Ostsee", erklärt sie schließlich betont gelangweilt.

Eine Weile sitzen sie schweigend da.

„Und sonst ist da niemand, mit dem du dich mal verabreden könntest? Niemand, der deine Hobbys oder Interessen teilt?", fragt Nanni vorsichtig.

Automatisch muss Amelie an ihre Wunsch-Wunder-App denken. Da gäbe es bestimmt ein paar Leute, die sie verstehen und trotzdem nicht gleich mit ihren Eltern reden würden. Trotzdem verzieht sie nur ihre Mundwinkel.

Dann klopft Nanni Amelie aufs Knie und verkündet feierlich: „Weißt du, was mich glücklich machen würde?" Fragend hebt Amelie ihre Augenbrauen. „Ich habe noch selbst gebackenen Rhabarber-Baiser-Kuchen da. Was hältst du davon, wenn du in fünfzehn Minuten zu mir kommst und wir zusammen Kaffee trinken? Ich bringe nur noch eben meine Gartenabfälle weg."

Amelie lächelt und nickt. Sie freut sich wirklich über die Einladung. Aber in der Sekunde, als Nanni hinter ihrer Hecke verschwindet, fühlt sie sich schlagartig wieder einsam und unglücklich.

*Jetzt nur nicht in Tränen ausbrechen!*

Also greift sie nach ihrem Handy, um nachzusehen, ob irgendwer was zu ihrem Wunsch geschrieben hat. Vielleicht passiert das Wunder ja schneller, als sie es sich erträumt hätte. Aber da ist nichts, außer zwei Kommentaren von zwei Usern, die ihr netterweise viel Glück wünschen. Paula2000 hat ihr auch geantwortet und drückt die Daumen. Und sie hat eine Nachricht von dieser Pummeline:

> liebe amelie, danke für den tipp! du hattest vollkommen recht! war unfreiwillig eine ganze busfahrt mit IHM zusammen. voll krass, wie die wunder-app funktioniert! bei dir auch? glg leni

Amelie schüttelt automatisch den Kopf, muss aber auch schmunzeln wegen dieser Geschichte. Sie überlegt einen kurzen Moment, was sie antworten könnte. Bislang funktioniert gar nichts. Sie braucht irgendeine gute Idee, wie sie die Ehe ihrer Eltern retten könnte. Aber das ist alles andere als einfach. Ob man bei der Wunsch-Wunder-App auch mehrere Träume gleichzeitig posten darf? Am liebsten würde sie sich wünschen, eine gute Freundin zu finden, also so ein echtes friendship goal. So wie es früher mit Melli war. Dann hätte sie wieder jemanden, mit dem sie reden kann.

*Was hab ich schon zu verlieren?*

Also klickt Amelie auf die Startseite, um einen neuen Thread zu eröffnen, und tippt:

Ich wünsche mir bff.

# Paula

Nein, mein Liebes! Ich will nicht, dass du wochenlang in einem Café rumlungerst!", erklärt Paulas Vater streng und gibt Gas, als die Ampel wieder auf Grün springt.

Sie sind auf dem Weg zum Wocheneinkauf. Paula hält kurz die Luft an und versucht es noch mal: „Aber, Dad, ich bin echt alt genug für so einen Job."

„Nix da. Ich lasse meine minderjährige Tochter doch nicht für irgendeinen Italiener arbeiten!"

„Aber Giovanni ist nicht irgendein Italiener! Der ist total nett!"

Ihr Vater schnappt nach Luft. „Das kann ich mir vorstellen, dass der ‚total nett' ist zu jungen schönen Frauen!"

Paula muss grinsen. Er ist mal wieder eifersüchtig. Dabei hat er gar keinen Grund. Seit der Pleite mit Jonas letzten Winter ist Paula gar nicht mehr auf der Suche nach einem Freund. Nicht mal zwei Monate und dann hatte sie keine

Lust mehr auf Händchenhalten und Knutschen. Das Einzige, was sie liebt, ist die Schauspielerei!
„Ich brauche das Geld aber. Und außerdem, was soll ich denn sonst die ganzen Ferien über machen? Svenja fliegt nach Ibiza und Lissy hängt nur noch mit ihrem Freund ab!"
Schweigen.
*Das ist ein gutes Zeichen!*
Ihr Vater legt einen Zwischenstopp bei der Tankstelle ein, parkt den Familienvan vor einer freien Zapfsäule und blickt Paula liebevoll in die Augen. „Also gut. Ich weiß ja, wie blöd es ist, dass wir dieses Jahr wieder nicht verreisen. Aber wenn du etwas findest, was uns finanziell nicht ruiniert, spendiere ich dir einen Kurztrip, nach Holland, oder was immer du willst!"
*Das ist ja cool!*
Paula muss grinsen. Trotzdem ist es nicht das, was sie will. „Danke, Dad, aber darum geht es ja gar nicht. Ich will einfach bloß Geld verdienen, um Schauspielunterricht zu nehmen."
Ihr Vater schüttelt den Kopf und macht das Gesicht, das er immer macht, wenn er sagen will: Das haben wir doch schon hundert Mal besprochen!
Es hat keinen Sinn, denkt Paula seufzend. Als ihr Vater aus-

steigt, um zu tanken, starrt sie regungslos auf ihr Handy. Am liebsten würde sie Frau Finke anrufen und sie um Hilfe bitten.

*Wieso sind ausgerechnet meine Eltern so stur?*

*Pling!* Frustriert checkt Paula ihre Nachrichten. Amelie_04 von der Wunsch-Wunder-App bedankt sich dafür, dass Paula ihr viel Glück gewünscht hat. Nur leider hat sie kaum Hoffnung, dass sich ihr Wunsch erfüllt, und weiß einfach nicht, was sie machen soll.

*Willkommen im Club!*

Einen Moment zögert Paula. Doch weil die arme Amelie so deprimiert klingt, beschließt sie, noch mal zurückzuschreiben:

> Tut mir echt leid, das mit deinen Eltern. Was ist denn überhaupt der Grund für die Scheidung? Und gibt es da wirklich gar keine Chance auf Rettung mehr?
> Bei mir läuft es leider auch nicht. Bin weit entfernt von meiner Wunscherfüllung ... GLG Paula

Sie drückt auf Senden und guckt sich einen Kommentar von Pummeline in deren Thread an:

nein, ER steht auf eine andere, weiß gar nix. und wenn es so weitergeht, wird er es auch nie erfahren ☹
jetzt ist er zum glück erst mal zwei wochen auf einem skater-contest in dänemark. für die zeit danach brauche ich aber eine neue strategie oder ein wunder ...

Paula rollt mit den Augen. Sie findet diese albernen Spielchen zwischen Jungs und Mädels total daneben. Bei Lissy und ihrem Typen ging das Hickhack fast ein ganzes Jahr lang, obwohl jeder an der Schule wusste, dass die beiden ineinander verknallt sind.

Als Jonas in die Theater-AG kam, spürte sie sofort, dass da was ist. Schon beim zweiten Treffen hat sie ihm gesagt, wie cool es ist, dass er anders ist als all die anderen. Und er hat dann einfach irgendwann beim Schlendern durch die Kölner City ihre Hand genommen. Zum Abschied haben sie sich das erste Mal so richtig geküsst. Alles ohne künstlich einen auf schüchtern oder desinteressiert zu machen.

Gespielt haben sie ja auf der Bühne. Nämlich ausgerechnet Romeo und Julia. Doch dann wurde es anstrengend, weil Paula das Gefühl hatte, Jonas wäre eifersüchtig auf ihr Talent. Und plötzlich war irgendwie der Wurm drin. Es wurde krampfig zwischen ihnen und schließlich hatte

Paula keine Lust mehr auf diesen ganzen Pärchenkram. Also hat sie Schluss gemacht. Seitdem ist die Rolle des Romeo unbesetzt.

Paula seufzt. Sie will nicht zickig erscheinen, aber diese blöde Pummeline kennt sie ja nicht. Darum textet sie zurück:

> Warum machst du so einen Akt draus? Diese Hard-to-get-Masche ist doch von gestern. Sag ihm doch einfach, dass du ihn toll findest, sobald er zurück ist. Dann weißt du, ob es umgekehrt auch so ist.

# Leni

Liebe Pummeline!
Heute ist der 3. von 44 Tagen bis zur Erfüllung deines Wunsches. Überlege dir eine Aktion, die dich deinem Herzenswunsch ein spürbares Stück näher bringt, und setze sie innerhalb von 24 Stunden um!
Dein Wunsch-Wunder-Team

Leni liest die Nachricht noch ein weiteres Mal und hat jetzt erst recht ein schlechtes Gewissen. Denn eigentlich wollte sie ihren ersten Ferientag ganz entspannt genießen, statt schon wieder an ihre verloren gegangene To-do-Liste zu denken. Wozu auch? Flo, die kontrollieren könnte, ob sie auch brav ihre Ziele abarbeitet, ist Tausende von Kilometern entfernt. Genauso wie die Aussicht, jemals in die Liga von Nicklas Wilke aufzusteigen. Und selbst wenn Leni es könnte, wäre da immer noch seine Freundin, mit der sie einfach nicht mithalten kann. Diese Paula2000 ist echt witzig. Ihm einfach sagen, was Sache ist!

*Und dann? Blamage bis zum Abschlussball?*

Auch Flo versteht ihre Verzweiflung nicht so richtig. Sie meint, das könnte doch Nicks Ex oder seine Mutter sein. Bitte? Welcher coole Typ trägt denn ein Foto seiner Mutter als Hintergrundbild im Handy mit sich rum? Das wäre schon echt schräg. Und außerdem war die Frau auf dem Foto hellblond statt dunkelblond wie er.

Gerade als Leni sich vor lauter Frust einen Schokoriegel gönnt, kommt eine Nachricht von Flo.

*Hat das Universum etwa schon wieder seine Finger im Spiel?*

> Habs gecheckt und über meine Reitbeteiligung aus seiner Klasse rausbekommen, dass Nick eine Schwester hat!!! Die ist gerade für ein Jahr nach Australien gegangen, hat blonde Haare und sie verstehen sich Bombe. ☺☺☺ Kiss F.

Leni muss breit grinsen.

*Kann das wirklich wahr sein? Seine Schwester? Wie sweet wäre das denn?!*

Er sieht nicht nur gut aus, hat einen coolen Style, eine megalässige Art und fährt Skateboard wie ein Profi. Nein, er hat auch noch eine Schwester, die er so sehr vermisst, dass er immer ein Foto von ihr im Blick haben muss!
*Das wäre echt hammer ... Oh mein Gott, dieser Traumtyp wird MICH bald anrufen!!!*
Womöglich ruft er direkt an, wenn er aus Kopenhagen zurück ist. Laut Lenis Recherchen dauert der Contest noch zwei Wochen. Gerade postet Nick ständig irgendwelche Skater-Pics von spektakulären Sprüngen.
*Aber was dann?*
Ihn auf Stand zu bringen, was sie zuletzt im Unterricht gemacht haben, dürfte kein größeres Problem sein, denkt Leni und hat sofort wieder ein merkwürdiges Gefühl im Bauch. So, als würde sich Megahappyness mit lebensbedrohlicher Panik duellieren. Sicher werden sie das nicht am Telefon oder per Chat klären. Da ist tatsächlich ein Date fällig. Allein der Gedanke bringt Lenis Herz schon zum Rasen.
*Oh mein Gott! Da hilft nur eins! Ich muss Sport machen!*
*Jetzt!*
*Sofort!*
Plötzlich ist Leni wieder hoch motiviert, was ihre Ziele

angeht. Wenn sie akut kein Geld hat für neue Klamotten, Extensions oder French Nails, kann sie wenigstens ihren Pölsterchen ein für alle Mal den Garaus machen. Sechs Kilo in sechs Wochen Ferien abzuspecken, das muss doch möglich sein!

Sie hat ihre Aktion für heute also schon im Visier und schält sich nun ungeduldig aus ihrem tatsächlich etwas eng gewordenen Schlaf-Jumpsuit mit Dalmatinermuster. Ein Blick aus dem Fenster verrät, dass endlich auch das Wetter zu Lenis neuem Action-Outdoor-Programm mit Nulldiät passt.

Also kramt sie im untersten Regal ihres zugegeben durchaus großen Kleiderschranks nach einer z langen Sporttight und einem Longshirt. Einen Sport-BH braucht sie leider nicht, aber ihr Lieblingscap, um gleich zwei Fliegen mit einer Klappe oder besser gesagt Kappe zu schlagen: nämlich ihre fettigen Spaghetti-Haare zu verbergen und hoffentlich unerkannt durch den Park zu laufen. Nachher wird Leni ihrer Mutter nicht ohne eine gewisse Genugtuung mitteilen, dass sie das Mittagessen cancelt und bloß einen Smoothie zu sich nimmt.

„Yes, sporty Leni is back!", ruft sie kämpferisch in Richtung ihres Spiegelbildes, als sie in ihr Sport-Outfit geschlüpft ist.

Und dann macht sie sich voller Tatendrang auf den Weg.
„Autsch, au! So ein Mist“, zischt Leni und krümmt sich vor Schmerzen.
Gerade mal bis zum Ende ihrer Straße ist sie im Laufschritt gekommen und schon steht sie kurz vor dem Zusammenbruch. Ihr Puls rast und mit den Seitenstichen kann sie unmöglich weiterrennen. Dabei ist sie doch fest entschlossen, ab heute alles anders zu machen!
Frustriert geht Leni ein paar Schritte. Den Beginn ihres neuen Lebens hat sie sich wirklich anders vorgestellt! Plötzlich erscheint ihr die Sache mit der albernen Wunscherfüllungs-App als ihre bislang peinlichste Aktion – wäre dieser zweifelhafte Versuch der schnellen Fortbewegung nicht noch erbärmlicher. Leni weiß schon lange, warum Joggen nicht zu ihren Lieblingsbeschäftigungen gehört oder genau genommen überhaupt nicht zu ihren Beschäftigungen.
*Was für eine Quälerei!*
Zwei, drei halbherzige Anläufe hat sie in den vergangenen Wochen gestartet und jedes Mal festgestellt, dass Laufen absolut keinen Spaß macht, egal in welchem Tempo. Leni mag weder Spazierengehen noch Walken, Wandern, Joggen oder Sprinten. Wenn Leni in diesem Tempo weiterläuft, wird sie noch von 80-Jährigen überholt!

*Ich brauche eine neue Strategie! Vielleicht sollte ich nur eine Nulldiät machen statt dieser entwürdigenden Tortur in aller Öffentlichkeit.*
Oder wenigstens Low Carb.
Das heißt sechs Wochen lang keine Kohlenhydrate und schon gar nicht nach 18 Uhr! Das funktioniert garantiert, wenn sie es irgendwie schafft, sich abzulenken, denkt Leni, als sie quälend langsam einen Fuß vor den anderen setzt. Sie wird sich einfach abends in ihrem Zimmer verbarrikadieren und stundenlang Serien und Filme gucken bis zum Einschlafen oder aber ins Kino gehen und dort einen riesigen Bogen um die Fresstheken machen.
Nur mit wem? Ihre Eltern interessieren sich nicht für Filme, die meisten Mitschüler, die Leni mag, sind verreist und ihre Flo ist praktisch unerreichbar. Vielleicht sollte sie sich ein neues Hobby suchen, spinnt Leni weiter und beißt die Zähne zusammen, obwohl sie kaum noch Luft bekommt. Also Joggen wird es nicht werden, so viel ist klar. Notgedrungen muss sie wieder eine Pause einlegen.
Als sich ein Auto von hinten nähert, beschleunigt Leni wieder ihren Schritt. Nichts ist ja wohl peinlicher, als in Laufschuhen wie eine Schnecke durch die Gegend zu kriechen! Nachdem der dunkle SUV an ihr vorbeigerauscht ist, bleibt

Leni auf der Stelle stehen, um tief durchzuatmen und danach im Seniorentempo weiterzuschlurfen.

Aber egal, morgen wird sie einen nächsten Versuch starten und übermorgen den übernächsten, bis sie pünktlich zum Beginn des neuen Schuljahres zu den Besten im Sportunterricht gehören wird. Während alle anderen Mädels beim Waldlauf oder Zirkeltraining rot anlaufen und sofort aus der Puste sein werden, wird sie lässig und entspannt immer vorne mit dabei sein. Superfit, wird sie sich vor neidischen Blicken und der Bewunderung der Jungs einschließlich Nick nicht mehr retten können!

Doch Lenis müde Beine wollen irgendwie nicht mitziehen, weswegen ihr inzwischen sogar etwas kalt wird. Und das, obwohl der Juli endlich mal über die 20-Grad-Marke geklettert ist!

Noch hat sie nicht einmal die Hälfte der Runde geschafft. Und allmählich beginnt ihr Magen zu knurren. Kein Wunder, denn sie hat ja heute nichts gegessen außer dem Schokoriegel, der noch in ihrer Schultasche war. Beim Auspacken ihrer Hefte und Ordner ist ihr auch wieder die Karte mit dem Spruch „Jetzt oder jetzt“ in die Hände gefallen.

*Genau ihr Motto!*

Leni hatte sie aus dem Ständer im *Coffee to stay* gefischt

und dabei natürlich an ein Date mit Nick gedacht. Das war am 11. April, seinem Geburtstag, an dem er sechzehn wurde. Flo überredete sie, ihm zu gratulieren. Stundenlang saßen sie bei Susi und suchten nach den richtigen Worten – um die Geburtstagswünsche mit einer möglichst lässigen und gewitzten Einladung auf einen Drink zu kombinieren. Der Plan war, ihm die Karte nach Schulschluss zuzustecken. Leni schaffte es sogar, sich ihm bis auf zwei Meter zu nähern. Doch dann verlor sie den Mut und sie ließ das Kärtchen schnell in ihrer eigenen Tasche verschwinden. Sogar einen kurzen Blickkontakt gab es, aber Leni war nicht imstande, auch nur ein kleines „Hallo“, geschweige denn „Herzlichen Glückwunsch“ herauszubringen.

Seitdem ist eine Woche des Schmachtens nach der anderen vergangen. Und je länger es andauert, desto weniger realistisch erscheint es Leni, jemals mit Nick überhaupt auch nur zu reden.

Dieser Gedanke spornt sie an, noch einmal Gas zu geben. Im Laufschritt hechtet sie bis zur nächsten Kreuzung, von der sie direkt nach Hause abbiegen kann.

Als sie endlich mit rasendem Puls die Haustür erreicht, bekommt Leni kaum noch Luft. Mit letzter Kraft klingelt sie, weil sie nur noch sitzen will, statt noch weiter ums

Haus zu laufen, um den Schlüssel aus dem Gartenhäuschen zu holen.
„Was ist denn mit dir passiert?“, fragt ihre Mama besorgt, die wie immer in den Ferien die Mittagspause zu Hause verbringt. „Hast du für einen Marathon trainiert?“
Leni ist sich nicht sicher, ob das ein Kompliment sein soll.
„Fühlt sich jedenfalls so an“, schnauft sie, als endlich wieder Sauerstoff in ihrem Hirn ankommt.
In dem Moment steigt ihr ein köstlicher Geruch in die Nase.
„Gut, dass du wieder da bist. In fünf Minuten gibt's Essen – Pizza! Ich hab extra viel Salami und Paprika draufgemacht.“
*Oh nein, ausgerechnet mein Lieblingsessen!*
Zerknirscht setzt sich Leni auf ihren Stammplatz in der Küche und kann hören, wie ihr hungriger Magen sie anfleht, noch eine einzige Ausnahme zu machen. Aber nein, sie bleibt standhaft. Sie wird sich einfach einen Joghurt nehmen und schnellstmöglich nach hinten in den Garten flüchten, um jeder fiesen Versuchung zu widerstehen.
„Der Kühlschrank ist ja komplett leer“, sagt sie mehr zu sich selbst, als sie enttäuscht hineinschaut.
„Du könntest auch mal einkaufen gehen“, erwidert ihre Mama – zwar freundlich im Ton, aber ihr Gesichtsausdruck verrät, dass dies eigentlich ein Befehl ist.

„Mach ich, wenn du mir Geld dalässt."
„Einverstanden. Wir brauchen vor allem Milch und Aufschnitt."
„Und Joghurt", ergänzt Leni zerknirscht und schielt auf die Pizza, die ihre Mutter in diesem Moment aus dem Backofen holt.
Goldgelb glänzt der zerlaufene Käse und Leni läuft das Wasser im Mund zusammen. Und bevor sie noch irgendeinen Widerstand leisten kann, hat sie auch schon ein großes Stück auf ihrem Teller liegen.
Schon wieder ein Tag, den sie streichen kann.
Aber ab morgen geht es richtig los, ermahnt sie sich, während sie genüsslich in ihre Pizza beißt.

# Amelie

Nach dem Duschen lässt Amelie sich total geschafft in die unzähligen weichen Kissen auf ihrem Bett fallen. Nie hätte sie gedacht, dass Gartenarbeit so anstrengend ist, aber auch so einen Spaß machen kann.

Nach dem leckeren Kuchenessen hat Tante Nanni sie gefragt, ob sie nicht Lust hätte, mit ihr gemeinsam Erdbeeren und Kartoffeln zu ernten. Und weil das Wetter den ganzen Tag über so toll war und Amelie absolut keine Lust hatte, von ihrer Mum noch einmal in ein blödes Gespräch verwickelt zu werden, hat sie anschließend sogar noch jede Menge Unkraut aus Nannis Beeten gezupft. Das Tollste daran war, dass Amelie nicht eine Sekunde über ihren Kummer nachdenken konnte, weil sie schwer beschäftigt war.

Eigentlich würde sie jetzt auch unten im Wohnzimmer abhängen. Meistens sitzen sie alle drei auf dem riesigen Sofa, während sie und ihr Vater irgendeine angesagte Serie gucken und ihre Mutter im Wintergarten sitzt und liest. Aber heute ist ihr Vater nicht da, sondern angeblich bei einem Meeting in Amsterdam.

*Wer's glaubt ...*

Also hat Amelie sich sicherheitshalber in ihrem Zimmer verbarrikadiert und ihrer Mum gegenüber geschwindelt, sie sei müde und gehe schlafen nach diesem schweißtreibenden Outdoor-Workout. Damit sie ja nicht mit ihr reden muss. Aber es ist nicht mal neun. Fernsehen würde sie sicher verraten. Amelie schnappt sich ihr Handy und guckt, ob sie irgendwas verpasst hat.

Maja hat ein neues Profilbild bei WhatsApp – ein Family-Foto, auf dem sie einen hellgelb leuchtenden Bikini trägt, der ihre frische Bräune betont. Daneben stehen ihr Bruder und ihre Eltern. Alle sehen total happy aus. Vier ganze Wochen verbringen sie zusammen auf Bali.

Plötzlich hat Amelie einen Kloß im Hals. Wieso hat ausgerechnet sie keine glückliche Familie, keinen Bruder, keine Schwester, keine Eltern, die sich lieben, fragt sie sich trotzig und fühlt sich so einsam wie noch nie in ihrem Leben. Kurz überlegt sie, sich einfach bei ihrer Mutter auszuheulen. So wie früher, wenn sie mal traurig war. Und zu fragen, wie es bloß weitergehen soll. Aber dann wäre alles so real und jeder Funken Hoffnung dahin, dass mit der Zeit doch noch alles wieder gut werden könnte.

Auch ihr zweiter Wunsch scheint keine Wirkung zu zeigen. Natürlich hat sie wieder diese bescheuerte Begrüßungsnachricht bekommen, dass sich ihr Wunsch schon in dreißig Tagen erfüllen wird, so wie sie es vorgegeben hat.

*Ha, ha ...*

Aber noch hat sich niemand gemeldet. Bloß ein paar blöde Kommentare und Nachfragen – etwa, ob sie ein Foto von sich hochladen kann. Aber mit alldem kann sie nichts anfangen. Oder sie will nichts damit anfangen. Denn mal ehrlich, so anonym nach neuen Freunden zu suchen, findet Amelie plötzlich total bekloppt und peinlich.

Sie hat auch keinen Schimmer, was sie dieser Paula antworten soll, was überhaupt der Grund für die drohende Scheidung ist.

*Ich will es auch gar nicht wissen ...*

Also dreht sie den Spieß einfach um und fragt zurück:

> Hi Paula, ist irgendwas passiert? Weil du meinst, du bist genauso weit weg von deinem Wunsch wie ich von meinem?! Hast du dich denn schon mal bei einer

Schauspielschule oder einer Agentur vorgestellt?
Und wo wohnst du überhaupt? LG aus LG (= Lüneburg)

Auch Leni, die in diesen Nicklas verknallt ist, hat sie noch nicht zurückgeschrieben. Als Amelie deren Nachricht noch einmal liest, muss sie wieder schmunzeln. Dass Leni denkt, sie saß mit ihm im Bus, bloß weil sie diesen Wunsch gepostet hat, ist echt lustig! Amelie malt sich aus, wie Leni sich vor Schreck in einer der hinteren Reihen unterm Sitz versteckt.

Aber was soll sie auf die Frage antworten, ob die Wunsch-Wunder-App auch bei ihr funktioniert?

Amelie fängt an zu texten, aber löscht alles gleich wieder. Sie hat keine Ahnung, ob oder wann diese Wunsch-Posts wirken. Und sie hat auch einfach, weil ihr nichts anderes einfiel, als Termin für die Rettung ihrer Familie den letzten Ferientag eingegeben. Vielleicht geschieht bis dahin ja tatsächlich ein Wunder?!

Wenn sie den Urlaub wie früher, also als ganz normale Familie, zusammen in ihrem schönen Reetdachhaus verbringen würden, wäre alles viel leichter. Dann hätte Amelie sogar eine Idee, was sie machen könnte. Sie würde zum Beispiel ihre Eltern überreden, zu ihrem gemütlichen

Stammitaliener zu gehen, und kurz vor knapp eine Magenverstimmung vortäuschen, damit die beiden endlich mal wieder ganz romantisch Zeit zu zweit miteinander verbringen müssten. Oder sie würde beide scheinbar versehentlich oben im Badezimmer einschließen und so tun, als hätte sie den Schlüssel verbummelt. So wären ihre Mum und ihr Paps gezwungen, ganz in Ruhe miteinander zu reden, ohne sich, wie so oft in diesem riesigen Haus, aus dem Weg gehen zu können.

Seit ihr Vater diesen großen Karriereschritt hingelegt hat, arbeitet er noch viel mehr als früher. Gut wäre, wenn er sich ein Bein brechen würde, sodass er das Haus nicht verlassen kann und sich ihre Mutter nonstop um ihn kümmern müsste.

Amelie seufzt. Das sind doch alles bloß naive Mädchenträume. Wenn sie länger darüber nachdenkt, ist es nicht sehr realistisch, ihre Eltern wieder ineinander verliebt zu machen. Also schreibt sie einfach das, was sie auf dem Herzen hat:

> Hi Leni, nee, bei mir passiert da irgendwie noch gar nix. Aber ich bin auch noch nicht so lange dabei. Um ehrlich zu sein, glaube ich auch nicht wirklich, dass diese App

funktioniert. Da müsste schon eine gute Fee kommen und mir helfen. Und die gibt es bekanntlich nur im Märchen ... Dass ich hier mitmache, war eher eine Verzweiflungstat. ☹
Aber lass dich von mir nicht runterziehen! Wenn du magst, schreib doch mal, wie dein Nicklas so ist und wie du die Busfahrt überstanden hast. LG aus LG ☺

Amelie geht auf *Senden*, ohne sich noch einmal die Nachricht durchzulesen. Weil hier alles so anonym ist, ist es ihr total egal, was die anderen von ihr denken. Auch ist bei all den Wünschen nicht ein einziger dabei, der so ähnlich ist wie ihre. Die meisten hier haben bloß ihre Hobbys oder ein besonderes Event wie Bungeejumping oder Backstagebesuche im Kopf.
*Das sind doch alles Luxusprobleme!*
Okay, hier gibt es auch noch einen Timmy, der sich wünscht, dass seine sterbenskranke Omi seinen 12. Geburtstag noch miterlebt. Der tut ihr wirklich leid. Gerade als Amelie überlegt, wie sie ihn aufmuntern könnte, bekommt sie eine neue Nachricht. Leni ist offenbar auch gerade on und hat sofort geantwortet:

hi amelie, kommst du etwa aus lüneburg? das wäre ja nice. ich wohne nämlich in hamburg. ☺ magst du mir verraten, wie alt du bist? ich werde im herbst 15, wenn mein herz bis dahin nicht vor lauter panik stehen bleibt. die sache ist nämlich die, nick ist leider nicht „mein" nick, aber er geht nach den sommerferien in meine klasse. das ist so megakrass, ich weiß echt nicht, wie ich das überleben soll. die busfahrt hat mir schon gereicht. er hat mich einfach angesprochen, weil er was über unseren schulstoff wissen wollte. ich war an dem tag hässlich wie die nacht und hab nur gestammelt. das war das peinlichste erlebnis ever.
aber ich will dich gar nicht volljammern. du hast ja viel größere sorgen als ich. schreib mir gerne mehr, wenn du magst. lg l.

Amelie muss lächeln. Leni ist genauso alt wie sie und wohnt ganz in der Nähe. Und sie mag es, dass Leni so offenherzig erzählt.
*Kann es sein, dass das mit der Wunscherfüllung doch funktioniert?*
Amelies Herz klopft ein bisschen schneller. Sie schreibt sofort zurück:

Wow! Aber wenn dieser Nick dich doof fände, hätte er dich doch nicht angesprochen, oder? Er ist ja auch sitzen geblieben und hat sicher mehr Schiss als du vor dem Schulstart. Ich weiß leider, wie heftig es ist, in eine neue Klasse zu kommen ... und übrigens: Ich bin auch fast 15. ☺

Und ... *Senden*! Amelie schiebt ihre Kissen so hin, dass sie bequem weiterschreiben kann, falls ihre neue Chatfreundin sich noch mal meldet. Es dauert nur wenige Augenblicke und schon ist Lenis Antwort da:

danke, aber ich glaube eher, er hat mich angesprochen, weil er sonst keinen anderen kennt aus unserer klasse. er hatte letztes jahr einen skater-unfall und so viel verpasst, dass er freiwillig eine ehrenrunde dreht. wann bist du denn sitzen geblieben? das stelle ich mir echt gemein vor. meine noten sind auch nicht gerade bombe, aber ich schlag mich so durch. hab eher mit kilos zu kämpfen als mit noten ...

Vor Amelies geistigem Auge tauchen plötzlich Bilder von Beth Ditto auf. Jetzt kapiert sie auch, warum Leni sich

Pummeline nennt und denkt, sie kann bei ihrem Traumprinzen nicht punkten. Aber was schreibt man jemandem, der so übergewichtig ist, ohne ihn zu verletzen? Amelie beschließt, besser gar nicht darauf einzugehen:

> Ein Skater? Das klingt nach einem coolen Typen! In meiner Klasse gibt es die eher nicht. Alles nur Langweiler und Zicken. Ich bin auch nicht sitzen geblieben, sondern erst vor Kurzem aus Bayern hierhergezogen. Der Stoff ist sogar einfacher jetzt. Ansonsten ist es echt hart, so alleine klarkommen zu müssen. Und dann auch noch der Stress meiner Eltern ... Aber ich will auch nicht jammern. Das bringt ja nix. Was machst du so in den Ferien? Fliegst du in den Süden?

Sie muss an Tante Nanni denken und wie nett es war, dass ihre Nachbarin spontan einen ganzen Nachmittag mit ihr verbracht hat. Aber so gern Amelie sie auch hat, eine Freundin ersetzt sie natürlich nicht. Sie ist eher eine alte Tante oder junge, sehr coole Omi, die sie nie hatte, weil Mum und Paps schon lange keine Eltern mehr haben.

Nanni trägt immer bunte, witzige Klamotten und sieht dadurch viel jünger aus. Sie wohnt in einem megatoll res-

taurierten Bauernhaus und fährt einen knallgelben VW-Beetle.
Trotzdem wäre Amelie eine Freundin in ihrem Alter deutlich lieber, auch wenn die ziemlich dick zu sein scheint. Und Leni antwortet auch schon:

> nee, meine eltern können in den sommerferien nie weg, weil sie da immer am meisten zu tun haben. und meine beste freundin ist sechs wochen in kanada. echt uncool! und du? fährst du in urlaub? falls nicht, können wir uns ja mal treffen. natürlich nur, wenn du lust hast.

*Ja, am liebsten sofort!*
Amelie freut sich. Da postet sie mittags, dass sie sich eine neue Freundin wünscht, und ein paar Stunden später hat sie schon eine Verabredung mit einem Mädchen in genau ihrem Alter!
*Krass!*

> Super Idee! Ab übernächster Woche bin ich an der Ostsee. Aber vorher kann ich gerne mal nach Hamburg kommen. Wann & wohin?

# Paula

Was ist das denn? Hast du einen neuen Verehrer?“, fragt Polly, die nicht nur deswegen so genannt wird, weil sie Lucy Pollmann heißt, sondern weil sie auch immer gleich lospoltert.

„Quatsch! Das ist bloß von meiner Mutter. Die hat ein schlechtes Gewissen“, entgegnet Paula und fischt das Schokoladenherz aus ihrer Tupperdose. Sie kann das Kantinenessen nicht ausstehen und schmiert sich morgens oft ein Brot oder nimmt etwas Rohkost mit. Die Schokolade muss ihre Mutter irgendwann am Morgen heimlich dazugepackt haben.

„Wieso denn schlechtes Gewissen?“, hakt Polly neugierig nach, was klar war.

„Ach, wegen allem Möglichen. Wir machen schon wieder keinen Urlaub und jobben darf ich in den Ferien auch nicht“, erklärt Paula, bricht das Schokoherz in zwei Hälften und gibt eine davon Polly ab.

Immerhin sitzen sie schon seit zwei Jahren im Kunstraum nebeneinander und kennen sich inzwischen ziemlich gut, auch wenn sie nicht gerade enge Freundinnen sind.
Polly nimmt die Schoki gerne und stellt nun natürlich erst recht Fragen. Also berichtet Paula, wie nervig sie es findet, dass sie immer zurückstecken muss. Und dass ihre Eltern einfach nicht kapieren, wie wichtig ihr das Schauspielen ist, und sie Frau Finke einfach haben abblitzen lassen.
„Echt jetzt? Das weiß doch jeder, dass du Talent hast!", erwidert Polly, offenbar ehrlich anteilnehmend.
„Jedenfalls mehr als im Zeichnen", antwortet Paula lachend und deutet auf ihr misslungenes Bild, das eigentlich eine Kohlezeichnung des ausgestopften Auerhahns sein soll, der vorne auf dem Lehrerpult steht.
Skeptisch zieht Polly ihre Augenbrauen in die Höhe und beißt sich auf die Lippe, was wohl heißt, dass sie Paula zustimmt.
„Aber das Motiv geht echt gar nicht. Mein Bild ist auch nicht gerade toll."
Paula betrachtet die Zeichnung, die Polly ein Stück zu ihr rüberschiebt.
*Das sieht so hammer aus. Richtig echt!*

„Wow! Ich würde gerne so zeichnen können wie du“, sagt Paula aufrichtig und schiebt das Bild zurück.
„Und ich würde gerne so spielen und singen können wie du!“, erwidert Polly, nun aber im Flüsterton, weil der Unterricht längst wieder begonnen hat und ihr Kunstlehrer schon böse rüberguckt, während er einen Vortrag über den Lichteinfall auf diesen hässlichen Vogel hält.
Paula lächelt Polly dankbar an und vertieft sich dann wieder in ihre Skizze.
*Das tut echt gut! Endlich mal ein bisschen Anerkennung ...*
Durch ihre engstirnige Art haben ihre Eltern es geschafft, dass Paula allmählich selbst glaubt, sich ihre besondere Gabe bloß einzubilden. Der Punkt ist aber, sie interessieren sich einfach nicht wirklich für sie! Sie wollen einfach nur gute Leistungen in der Schule sehen und dass es zu Hause reibungslos funktioniert. Ob ihre Kinder dabei glücklich sind, ist ihnen total egal.
Kurz steigen Tränen in Paula auf. Aber sie ist ja geübt darin, Gefühle in Sekundenschnelle zu unterdrücken oder hervorzuzaubern.
*Wieso gibt es dafür eigentlich keine Noten?*
Wenn Paula nur Vieren nach Hause bringen würde, könnte sie es ja noch verstehen, dass ihre Eltern gegen

die Schauspielerei sind. Aber außer in Mathe, Bio und na ja Kunst wird sie nur Einsen und Zweien im Zeugnis haben. Vielleicht brauchen sie es einfach schriftlich, damit sie ihr endlich mehr erlauben! Oder sie müssen sie einmal auf der Bühne erleben, am besten bei der Aufführung vor den Weihnachtsferien. Sie spielt schließlich die Hauptrolle.

In den letzten beiden Jahren hat es Paula nicht viel ausgemacht, dass ihr Vater irgendwo in Deutschland unterwegs war, um IT-Schulungen zu geben, oder was immer er genau da macht. Auch ihre Mutter konnte nicht kommen, weil sie bei den Kindern bleiben musste. Aber da hatte Paula auch nur eine kleinere Rolle.

Dieses Jahr ist es anders! Alle werden sie auf der Bühne mit viel Text und Spiel erleben können, sofern sich nach den Sommerferien noch rechtzeitig ein neuer Romeo findet. Nur ihre Eltern nicht – denn bestimmt werden sie wieder nicht da sein.

Als Paula nach der Doppelstunde in die große Pause geht, kommt ihr ausgerechnet Frau Finke entgegen.

*Oh nein, nicht auch noch die!*

Dummerweise kann sie ihr nicht mehr ausweichen. Die Augen der Lehrerin fixieren sie bereits.

„Hallo Paula", sagt sie und bleibt stehen, „es tut mir wirklich leid, dass ich bei deinen Eltern noch nichts erreichen konnte."

Unsicher blickt Paula sich um. Es wäre ihr echt peinlich, wenn jemand mitbekommt, wie daneben ihre Mutter am Telefon war.

„Ja, mir auch – dass Sie sich die Mühe umsonst gemacht haben!", antwortet Paula zerknirscht.

„Umsonst war das sicher nicht. Und wenn du nichts dagegen hast, hake ich nach den Ferien noch einmal nach. Es ist nur ein bisschen schade, weil wir dann die Bewerbungsfrist für die Schülerkurse nach den Sommerferien verpassen. Na ja, wahrscheinlich brauchen deine Eltern einfach noch ein bisschen Zeit, um zu erkennen, was für ein außergewöhnliches Talent ihre Tochter ist!" Frau Finkes Mund formt sich zu einem warmen Lächeln, das man sonst nie an ihr sieht.

Paula schluckt, denn so ein tolles Kompliment hat ihr noch nie jemand gemacht. Leider muss sie Frau Finke dennoch widersprechen: „Nee, meine Eltern denken, die Schauspielerei ist nur was für Spinner. Trotzdem danke!"

Der Blick von Frau Finke wird wieder gewohnt streng, als sie entgegnet: „So schnell gebe ich nicht auf!"

Und dann ist sie auch schon verschwunden und Paula schaut ihr irritiert hinterher.

# Leni

Schon wieder knabbert Leni nervös an ihren Fingernägeln, obwohl sie doch eh kaum noch welche hat. Mit einem Chai Latte sitzt sie draußen bei Susi in der Sonne und wartet auf Amelie.

Alles, was sie über sie weiß: Sie ist auch vierzehn und aus Bayern in den Norden gezogen, weil ihre Eltern sich getrennt haben. Jetzt wohnt sie in Lüneburg. Sie soll kinnlange, hellbraune Haare haben und etwa 1,70 m groß sein. Ihren Style beschrieb sie als „ein bisschen schickimicki, also tussig", was Leni zwar eigentlich unsympathisch fand und dann aber doch irgendwie nice, weil Amelie so schön selbstironisch war. Am besten aber könne Leni sie an ihrer echten (!!!) Louis Vuitton erkennen.

Erst dachte sie, das wäre ein Joke. Aber auf ihre Lachsmileys ist Amelie gar nicht eingegangen. Womöglich muss sie so rumlaufen, weil sie auf eine Privatschule geht.

*Krass!*

Gespannt hockt Leni an ihrem Holztisch und hält Ausschau nach einem Mädchen mit Designertasche, was an ihrer Gott sei Dank nicht so wirklich stylischen Schule undenkbar wäre! Eidelstedt ist schließlich nicht Blankenese, wo man schon schräg angeguckt wird, wenn man zwei Schultage hintereinander dieselbe Hose trägt. Das weiß Flo von ihren versnobten Reiterfreundinnen, von denen viele nicht wissen, wohin mit ihrem ganzen Geld.
Und tatsächlich, auf der anderen Straßenseite steigt plötzlich eine Tussi aus dem Bus, bei der die Eckdaten übereinstimmen.
*Hoffentlich nicht die!*
Die trägt ihre Nase ja sonst wo. Und sie führt einen kleinen Hund spazieren, wenn man das überhaupt so nennen kann. So einen, wie Paris Hilton als Accessoire auf dem Arm trägt. Und sie bewegt sich dabei wie auf einem Laufsteg. Glücklicherweise guckt sie aber gar nicht rüber zum Café, sondern stolziert weiter, nicht ohne sich im Schaufenster eines Blumenladens selbstverliebte Blicke zuzuwerfen. Die ist bestimmt schon 18, denkt Leni erleichtert, als sie ungefähr ihre Höhe erreicht. Aus ihnen wären keine Freunde geworden, so viel steht fest.
Nur wenige Augenblicke später fährt ein quietschgelber

VW-Käfer vor und ein nett aussehendes dünnes Mädchen, auf das die Beschreibung haargenau passt, steigt auf der Beifahrerseite aus. Allerdings hat sie keine Louis Vuitton dabei, sondern eine silbermetallic glänzende Liebeskind-Tasche, wie Leni kichernd feststellt. Sie winkt ihrer Mutter im Auto noch einmal zu und schaut dann in ihre Richtung. Leni will schon die Hand heben und winken, aber das Mädchen hat sich längst wieder weggedreht.

*Komisch. Vielleicht ist sie es doch nicht.*

Dabei trifft „tussig" ihren Style ziemlich gut. Sie trägt irgendeine Designerjeans, das kann man sofort erkennen, ein echt hübsches bunt gemustertes Shirt, das lässig unter einer roséfarbenen, voll hippen Bomberjacke hervorblitzt, dazu passende, total angesagte Sneakers, von denen Leni denkt, dass sie bestimmt mindestens das Dreifache ihres monatlichen Taschengeldes kosten.

*Hammer!*

Eigentlich würde Leni sie auch etwas älter schätzen. Aber als sie ihre Sonnenbrille hochschiebt – die natürlich auch schwer nach einer echten Ray Ban aussieht –, kann sie ihr direkt ins Gesicht blicken, das doch erfreulich jung wirkt.

„Amelie?", traut Leni sich schließlich zu fragen.

Doch die mutmaßliche Amelie sieht ziemlich irritiert aus,

als sie auf sie zukommt. „Ja?! Bist du Leni?“, fragt sie verwundert und hebt ihre echt hübschen, weil perfekt gezupften Augenbrauen. Sie zeichnen sich deutlich von dem hellrosafarbenen Lidschatten ab, der ihre sympathischen braunen Augen zum Strahlen bringt. Natürlich sitzt auch ihr glatter dunkelbrauner Pagenkopf einfach super.

„Ja, hi!“, antwortet Leni und winkt sie näher zu sich heran. Ami tritt an den Tisch und setzt sich vorsichtig auf den Stuhl gegenüber, so als wäre sie nicht sicher, ob sie bleiben soll.

„Alles okay?“, fragt Leni genauso unsicher.

„Ich dachte“, stammelt Ami, „ich dachte, du bist total ... dick!“

Kurz fühlt Leni sich, als hätte sie einen Schlag in die Magengrube bekommen. Sie weiß nicht, was sie sagen soll.

„Ich meine, du hast doch geschrieben, dass du ...“ Ami verstummt und macht ein verlegenes Gesicht.

*Moment mal ... sie hält mich gerade nicht für dick!*

Leni muss laut loslachen. Und dann lacht auch Ami erleichtert auf.

Damit ist das Eis gebrochen. Leni plappert einfach drauflos, so wie sie es immer macht, wenn sie aufgeregt ist und nicht gerade Nicklas Wilke vor ihr steht. Darüber, dass sie

sich sehr wohl total dick findet, sich aber freut, dass Ami dafür offensichtlich keinen Grund sieht. Jedenfalls nicht direkt, denn schließlich hat Leni die Speckröllchen an ihrem Bauch unter einem weit geschnittenen Longsleeve versteckt.
„Und wo hast du deine Designertasche gelassen?“, kann sich Leni dann doch nicht verkneifen zu fragen. Mit ihrer H&M-Jeans und den alten Chucks fühlt sie sich in Gegenwart von Ami ziemlich underdressed.
„Die darf ich nicht mit in die Stadt nehmen, wenn ich allein unterwegs bin“, erklärt Ami.
„Aber du bist doch gar nicht allein unterwegs. Deine Mutter hat dich doch hergebracht?“, wundert sich Leni.
Ami lacht erneut und erklärt, dass die Frau in dem coolen Wagen gar nicht ihre Mutter war, sondern ihre Nachbarin, die sowieso nach Hamburg wollte, um Besorgungen zu machen. Sie musste ihrer Mum zuvor auch versprechen, dass sie wirklich mit einem Mädel in einem Café verabredet ist und nicht irgendeinen Wildfremden sonst wo trifft.
„Ich darf eigentlich auch keine Fremden aus dem Netz treffen“, erklärt Leni schuldbewusst. „Aber es ist schließlich ein Notfall!“ Sie lächelt schief.
„Stimmt, die Sache mit meiner Mum und meinem Paps ist

echt der reinste Horror!“, meint Ami und bestellt bei Susi eine Cola, als diese an den Tisch kommt.
„Seit wann sind deine Eltern denn getrennt?“, wagt Leni sich ein Stück vor. Irgendwie hat Ami einen ganz offenen, warmherzigen Blick. Aber das, was sie sagt und wie sie es sagt, wirkt viel zurückhaltender.
Schon füllen sich Amis Augen mit Tränen. „Offiziell noch gar nicht. Ich rechne aber jeden Tag damit. Spätestens nächste Woche, wenn meine Mum und ich das erste Mal allein in Urlaub fahren. Zufällig hab ich mitbekommen, wie sie über die Scheidung gesprochen haben.“
„Das ist ja furchtbar! Tut mir echt leid“, sagt Leni ehrlich berührt und schaut Ami mitfühlend an.
„Und du hast keine Ahnung, warum sie sich getrennt haben?“, fragt Leni weiter, weil sie nicht weiß, was sie sonst sagen soll. Irgendwie kommen ihr ihre Probleme dagegen peinlich klein vor.
Ratlos zuckt Ami mit den Schultern und schüttelt den Kopf. „Ich will auch gar nicht wissen, wenn mein Paps eine andere hat.“
In dem Augenblick bringt Susi die Cola und geht auch gleich wieder, als sie die ernsten Gesichter der beiden Mädchen sieht. Als sie weg ist, räuspert sich Leni: „Vielleicht

ist es ja auch deine Mutter, die einen anderen Typen hat?“ Sie nimmt einen Schluck von ihrem Chai Latte. Eigentlich hätte sie sich lieber einen Milchshake bestellt. Aber das ist einfach nicht drin, wo sie doch heute Morgen schon wieder beim Nutella-Frühstück gesündigt hat.

Plötzlich macht Ami noch größere Augen, als sie ohnehin schon hat. Und ihr Mund steht offen. Trotzdem ist sie immer noch hübsch, wie Leni neidisch feststellt.

„Das wäre ja krass!“, flüstert Ami, als sie ihre Sprache wiederfindet. Sie beugt sich näher zu Leni rüber, so als dürfte niemand an den voll besetzten Nebentischen hören, was sie sagt. „Darüber habe ich noch gar nicht nachgedacht! Aber es stimmt schon. Sie war in letzter Zeit ziemlich oft weg, ohne zu sagen, wo sie hingeht! Und außerdem scheint sie sich gar nicht mehr richtig für Paps zu interessieren. Früher ist sie immer mit ihm zusammen joggen gegangen. Jetzt bleibt sie lieber zu Hause und surft im Internet.“ Ami schluckt. „In letzter Zeit hat sie auch oft telefoniert und dann sofort das Gespräch beendet, wenn ich reinkam. Sonst hat sie das nie gestört.“ Sie wischt sich eine Träne aus dem Augenwinkel. „Vielleicht hat sie jemanden im Netz kennengelernt?“

„Aber ... irgendwas müssen wir doch tun können!“, stammelt Leni.

„Was denn?“ Seufzend erzählt ihr Amelie, was sie sich schon alles überlegt hat.
Doch all das klingt ziemlich naiv, wie auch Leni am Ende zugeben muss. Als auf der anderen Straßenseite wieder diese peinliche Tussi mit ihrem Hund vorbeikommt, hat sie plötzlich einen Geistesblitz. „Und wie wäre es, wenn wir deine Mutter eifersüchtig machen?“
„Wie denn ... eifersüchtig machen?“ Ami versteht nicht.
„Na das ist doch der älteste Trick der Welt!“, ruft Leni und senkt sofort wieder die Stimme. „Wir müssen deiner Mum bloß das Gefühl geben, da ist eine andere, am besten jüngere Frau, und schon will sie ihren Mann zurück!“
„Meinst du echt? Aber wie sollen wir das anstellen?“, fragt Ami und trommelt nervös mit ihren perfekt manikürten Nägeln auf der Tischplatte.
„Wir bräuchten jemand, der sich mit Photoshop auskennt, oder eine attraktive Schauspielerin, die sich an deinen Dad ranmacht, ohne dass es zu aufgesetzt wirkt“, spinnt Leni weiter.
„Ich kenne eine Schauspielerin! Na ja, kennen vielleicht nicht. Aber bei Wunsch-Wunder ist eine dabei!“, sagt Ami begeistert und lächelt endlich wieder.
„Meinst du Paula?“, fragt Leni überrascht.

„Genau, sie hat mich mal angeschrieben", erklärt Ami. „Kennst du die etwa auch?"

Leni nickt verblüfft. „Krass, das kann doch kein Zufall sein, dass wir uns alle drei bei ‚Sternschnuppengeflüster' begegnet sind!", flüstert sie und schlägt die Hand vor den Mund.

„Und weißt du, was", sagt Amelie, „heute Morgen habe ich den Tipp bekommen, dass ich noch einen Menschen in meine Pläne einweihen soll, damit mein Wunsch in Erfüllung geht!"

Vor Überraschung macht Leni ganz große Augen. „Nein ... das ist ja echt abgefahren, Ami! Ich hab heute denselben Tipp bekommen! Und jetzt sitzen wir hier und sprechen über unsere Wünsche! Das ist Schicksal!" Bis eben dachte sie noch, die Tipps sind totaler Quatsch. Doch langsam beginnt Leni an die Wunsch-Wunder-App zu glauben.

„Na ja, das heißt wahrscheinlich nur, dass wir uns am selben Tag angemeldet haben", meint Amelie lächelnd. „Hast du den Tipp denn schon befolgt?" Als Leni den Kopf schüttelt, zwinkert sie ihr zu. „Dann sollten wir jetzt unbedingt über deinen Wunsch reden!"

# Amelie

Leni ist wirklich süß, denkt Amelie schmunzelnd. Erst will sie die Ehe meiner Eltern retten und dann meint sie, sie sei zu dick und zu hässlich, um für ihren Nick interessant zu sein.

*Dabei ist sie total niedlich!*

*Klar, der Junge auf ihrem Bildschirm-Hintergrund ist schon echt toll. Nicht ihr Typ, aber Amelie kann verstehen, warum Leni sich in ihn verknallt hat. Nur warum denkt sie, dass sie keine Chance bei ihm hätte?*

Vor allem Lenis brünetter Teint und ihr strahlendes Lächeln sind megahübsch. Okay, sie hat ein paar kleine Pickel, denkt Amelie, als sie Leni unauffällig begutachtet. Aber wozu gibt es Concealer? Und ihre Nase ist auch viel schmaler als Amelies.

„Du brauchst keine Diät, sondern bloß einen neuen Style. Das ist doch echt kein Ding!“, versucht sie Leni aufzumuntern.

„Aber ich hab keine Kohle und außerdem erlauben mir meine Eltern garantiert kein großes Umstyling."
Das versteht Amelie nicht. „Was sollen sie denn dagegen haben, wenn du dir ein neues Outfit zulegst?"
Leni zuckt mit den Schultern und berichtet, dass ihre Mama und ihr Papa null Verständnis für ihre Wünsche hätten und ihr nicht einmal erlauben würden, künstliche Wimpern zu tragen.
„Echt jetzt? Und was ist, wenn du dich heimlich schminkst? Also auf dem Weg zur Schule zum Beispiel?", fragt Amelie betroffen. Sie muss sich deswegen nie Gedanken machen und hat so viel Geld zur freien Verfügung, dass sie Leni problemlos helfen könnte. „Wir könnten auch zusammen shoppen gehen. Ich kann dir was von meinem Taschengeld abgeben."
Doch Leni wehrt alles ab. „Das könnte ich niemals annehmen!"
Einen Moment überlegt Amelie, dann grinst sie. „Auch nicht, wenn die Sachen nur geliehen wären?"
Leni macht große Augen. Die mit ihrer blassblauen Farbe eigentlich total schön sind, aber überhaupt nicht richtig zur Geltung kommen, weil sie bloß ein bisschen Mascara benutzt hat.

„Pass auf, wir gehen jetzt zu MAC und lassen dich schminken!“, schlägt Amelie vor.

„Aber da muss man doch gleich deren Produkte kaufen, wenn man das macht. Und die sind echt teuer!“, entgegnet Leni und verzieht ihre Mundwinkel.

„Ich wollte mir heute eh neues Lipgloss für den Urlaub besorgen. Das passt schon“, beendet Amelie einfach die Diskussion. Dann fällt ihr Blick auf Lenis Fingernägel, die total abgeknabbert sind.

„Ich weiß, die sind nicht wirklich sexy“, gesteht Leni und rutscht nervös auf ihrem Stuhl hin und her.

Irgendwie mag Amelie sie. Leni wirkt so natürlich und offenherzig. So, als ob sie sich überhaupt nicht verstellt. Und das, obwohl sie sich ja kaum kennen. Klar, das graue Shirt, das sie trägt, ist nicht gerade der Hit und auch die halblangen Haare sind bloß zu einem Zopf gebunden. Aber ihr Gesicht ist so hübsch, dass man sie mit ein bisschen mehr Make-up sicher in eine echte Schönheit verwandeln könnte!

„Wir könnten zu der Kosmetikerin meiner Mum gehen. Die hat einen Laden an der Alster und macht meine Nägel auch manchmal“, überlegt Amelie.

„Das ist doch auch viel zu teuer! Außerdem sind meine

Eltern garantiert nicht happy, wenn ich mit lackierten Nägeln nach Hause komme."

Amelie seufzt.

*Das hier ist kein leichter Fall.*

Dennoch hat sie total Lust, Leni ein bisschen Nachhilfe in Sachen Styling zu geben. Das ist voll ihr Ding! Und lenkt sie gerade ganz wunderbar von ihren eigenen Sorgen ab.

„Okay, ich hab zu Hause so ein Set, mit dem man French Nails selber machen kann. Dann sehen deine Nägel gepflegt aus und kosten tut es auch nichts", freut sich Amelie.

Und endlich beginnt auch Leni zu lächeln.

„Und wenn du schon mal bei mir bist, können wir meine Klamotten checken, bis wir ein paar coole Outfits zusammenhaben, die Nick umhauen werden!", ruft Amelie begeistert.

„Hab ich was verpasst?", fragt Susi mit einem Grinsen, als sie vorbeikommt, um am Nachbartisch die Gläser abzuräumen.

„Meine neue Freundin will mit mir ein großes Umstyling veranstalten", erklärt Leni lachend.

*Meine neue Freundin ...*

Sofort wird Amelie ganz warm ums Herz.

„So wie bei Heidi Klum?", witzelt Susi und schüttelt amüsiert den Kopf. „Ich sage ja immer: Typ unterstreichen ist gut, aber man muss sich dabei auch treu bleiben."

„Stimmt!", pflichtet Amelie ihr bei. Sie findet die Bedienung genauso sympathisch wie Leni. „Aber Verstecken geht gar nicht!"

Susi und Amelie tauschen einen verschwörerischen Blick. Und als Susi fragt, ob sie noch etwas bestellen wollen, verkündet Amelie voller Vorfreude: „Die Rechnung bitte. Wir müssen jetzt zum Probeschminken!"

# Paula

Paula, du bist dran!“ Louisa knufft sie in den Oberarm.

„Autsch!“ Paula wirft ihrer kleinen Schwester einen bösen Blick zu, bevor sie den Würfel nimmt und ihren Zug macht. Sie hasst es, solche Regentage mit irgendwelchen total langweiligen Brettspielen für Kids verbringen zu müssen. Nur leider hat sie keine Wahl, weil Lukas sich den Knöchel verstaucht hat und ihre Mutter mit ihm beim Arzt ist. Außerdem kann sie Louisa kaum etwas abschlagen, wenn sie total niedlich um etwas bettelt. Paula liebt ihre Geschwister und findet es süß, dass sie von Louisa so angehimmelt wird. Ihre kleine Schwester macht sich die gleichen Frisuren, plappert ihr alles nach und will ständig in ihrer Nähe sein.

Doch viel lieber würde Paula jetzt irgendwo am Meer liegen, am besten mit ihren Freundinnen. Kurz überlegt sie, ob sie nicht ihren Wunsch bei der Wunder-App ändern sollte, um auch endlich mal einen coolen Urlaub zu erleben. Allerdings ist ihr das Schauspielen viel wichtiger, und wenn sie nur einen Wunsch frei hat, dann will sie lieber auf die Bühne als an den Strand. Und wenn es nur eine kleine Rolle in den Ferien wäre ...

„Du bist wieder!“, schimpft Louisa und hält Paula den Würfel vor die Nase.

*Ich sterbe vor Langeweile ...*

Paula stöhnt innerlich. Es nervt sie, ständig tun zu müssen, was alle anderen wollen!

„Ja, ist ja gut, du kleiner Quälgeist!“ Sie muss aufpassen, Louisa keine patzige Antwort zu geben. Ihre Schwester kann nichts dafür, dass ihre Eltern sie immer so einspannen und ihr keinen Spaß gönnen.

*Pling!* Paula hat eine neue Nachricht bekommen.

„Am Tisch ist Handyverbot!“, klugscheißt Louisa, als Paula einen Blick aufs Display wirft.

Sie verzieht die Mundwinkel und überfliegt die Nachricht des Wunsch-Wunder-Teams:

„... Trau dich was! Verhalte dich am heutigen Tag so, als sei dein Herzenswunsch bereits in Erfüllung gegangen. Leih dir etwas aus, begib dich an einen bestimmten

Ort, kleide dich neu ein – was auch immer es ist, es wird dich deinem Glück ein großes Stück näher bringen ...“

*Haha ...*

Sie rollt mit den Augen. Allmählich gehen ihr diese Tipps auf die Nerven. Die Idee mit der App findet sie ja eigentlich ganz cool. Schließlich hat es bei Lissy auch funktioniert, als die sich so dringend einen Freund gewünscht hat. Aber diese „Du musst nur dran glauben und schon erfüllt sich dein Wunsch“-Nummer ist irgendwie daneben. Wenn es nur danach ginge ... Wie oft hat Paula sich schon auf der großen Bühne des Broadways gesehen – und sie ist immer noch nicht die neue Emma Stone! Positives Denken ist doch was für naive Spinner!

Und trotzdem spukt ihr die Nachricht weiter im Kopf herum, was nicht gerade verwunderlich ist bei dem Einhornjagd-Spiel, das für ihr unterfordertes Hirn eine echte Beleidigung ist. Texte ganzer Shakespeare-Stücke auswendig zu lernen – *das* ist es, was sie reizt und was sie liebt!

„Sag mal, hast du nicht Lust, lieber Verkleiden zu spielen?“, hört Paula sich plötzlich fragen.

Sie ist selbst überrascht über ihre Eingebung und freut

sich, als auch Louisa strahlt. „Ja, Verkleiden, au jaaaaa! Ich will eine Zauberfee sein, mit ganz viel Rosa und Glitzer!“, jubelt sie, während Paula endlich das öde Spiel einpacken darf.

*Puh, der Nachmittag ist gerettet ...*

„Geh schon mal zu Mamas Kleiderschrank! Ich komme gleich nach und bringe uns Bionade mit“, ruft Paula ihrer Schwester hinterher, die längst aus dem Wohnzimmer gestürmt ist.

Als Paula sich in der Küche noch einen Apfel abwäscht, ertönt ihr Handy erneut.

Das ist bestimmt die Wunsch-Wunder-App – mit einem Angebot aus Hollywood, denkt Paula voller Ironie. Eher so im Vorbeigehen schaut sie aufs Display und wird dann doch neugierig.

Sie wurde bei „Sternschnuppengeflüster“ zu einer Gruppe mit dem Namen „Wunsch-Wunder-Weiber“ eingeladen.

*Das ist ja krass!*

Und dann liest sie die erste Nachricht von der unbekannten Nummer:

> Hey Paula! Leni (Pummeline) und ich haben uns in Hamburg getroffen und beschlossen, wir brauchen

dich! Kannst du uns helfen und eine kleine Rolle als Schauspielerin übernehmen? GLG Ami

Paula muss die Zeilen glatt ein zweites und auch ein drittes Mal lesen, um sie zu verstehen. Klar, Leni und Ami hat sie schon länger auf dem Schirm und wollte den beiden schon lange zurückgeschrieben haben, weil sie ganz nett klingen. Außerdem scheint Ami nur ein Jahr jünger zu sein, falls die Zahl in ihrem Nickname für ihr Geburtsjahr steht. Aber dass sie ausgerechnet jetzt eine solche Nachricht bekommt, haut Paula echt um.

# Leni

Als Leni aus dem Zug steigt, ist sie so aufgeregt wie vor einer Mathearbeit. Unsicher blickt sie sich um, ob Ami wie verabredet am Bahnsteig auf sie wartet. Bislang war sie nur ein Mal in Lüneburg, bei einem Klassenausflug ins Salzmuseum. Das ist aber schon ewig her.

Ein Gutes hat all das Emo-Chaos. Immer wenn Leni nervös ist, hat sie absolut keinen Appetit. Weil sie seit gestern kaum etwas gegessen hat, spannt ihre Lieblingsjeans heute gar nicht mehr.

Zum Glück sieht Leni ihre neue Freundin am Eingang der Bahnhofshalle stehen und winken.

*Wieder so coole Klamotten ...*

Schon von Weitem kann Leni Amis perfekt abgestimmtes Outfit erkennen. Passend zum schwülen Wetter trägt sie eine weiße Leggings, ein ärmelloses blau-weiß gestreiftes Shirt und dunkelblaue Edel-Ballerinas, dazu natürlich ein passendes Täschchen, dessen Logo Leni noch nie gesehen hat.

„Hi!“, begrüßt Ami sie und drückt ihr ein Küsschen auf die Wange.
„Hallo“, sagt auch Leni und freut sich ehrlich, Ami nach nur zwei Tagen wiederzusehen.
„Cool, dass du da bist! Meine Mutter parkt da vorne.“ Ami deutet auf den Ausgang auf der anderen Seite der Bahnhofshalle, die im Vergleich zum Hamburger Hauptbahnhof winzig klein ist.
Auf dem Parkplatz vor dem Gebäude steuert Ami sofort auf einen fetten dunkelbraunen SUV zu. Und schon springt eine megahübsche und noch ziemlich junge Frau aus dem Wagen und streckt Leni die Hand entgegen: „Willkommen in Lüneburg, ich bin Angela, Amelies Mutter!“
„Hallo“, antwortet Leni schüchtern, obwohl es dafür eigentlich keinen Grund gibt, weil sich beide offenbar riesig freuen, dass sie extra mit der Bahn aus Hamburg gekommen ist. „Ich bin Leni.“
„Und ... was wollt ihr heute anstellen, Mädels? In der Stadt bummeln oder lieber gleich zu uns?“, fragt Angela, nachdem sich alle in den Wagen gesetzt und angeschnallt haben. Ami, die vorn neben ihrer Mutter sitzt, dreht sich zu Leni um. Fragend zieht sie ihre Augenbrauen in die Höhe.
„Och, ist mir egal“, sagt Leni.

„Wir können auch zusammen was essen gehen“, schlägt Angela gut gelaunt vor und startet den Wagen.

*Sie wirkt tatsächlich wie frisch verliebt ...*

Doch das scheint Ami nicht recht zu sein, denn sie antwortet wie aus der Pistole geschossen: „Nee, lass uns lieber gleich nach Hause fahren!“

Leni nickt freundlich und weiß nicht, worüber sie am meisten staunen soll. Über die hübsche historische Altstadt, die Lust auf Bummeln macht, über dieses krass große Auto mit den eleganten hellen Ledersitzen oder über Ami und ihre Mutter, die sich total ähnlich sehen und fast den gleichen Style haben.

*Das wäre bei Mama und mir undenkbar!*

Die ist zwar auch noch keine fünfzig, wirkt aber im Vergleich zur trendig-stylischen Angela fast wie aus einer anderen Zeit. Ihre Mutter trägt die Haare auch halblang bis zum Kinn. Aber bei den beiden sieht das irgendwie viel cooler aus.

*Wieso sind wir nicht so?*

Außerdem hat Leni gedacht, dass wenigstens Angela mit bayrischem Dialekt spricht, wenn Ami es schon nicht tut. Aber auch ihre Mutter spricht reinstes Hochdeutsch.

„Wo genau in Bayern haben Sie eigentlich gelebt?“, erkun-

digt sich Leni – auch um die peinliche Stille im Auto zu überspielen.
„Ach bitte, Leni, sag doch ruhig du zu mir! Dann fühle ich mich nicht ganz so alt“, erwidert Angela lachend, während sie auf eine große Umgehungsstraße abbiegt.
„Wir haben in Starnberg, in der Nähe von München, gelebt. Das war echt schön da“, erklärt Ami und seufzt hörbar.
„Ach, Schätzchen, hier im Norden ist es doch auch schön. Wir lieben es, so nah an der Ostsee zu wohnen, nicht wahr? Bist du denn in Hamburg geboren, Leni?“, will Angela offenbar ehrlich interessiert wissen.
Erleichtert, dass ein Gespräch in Gang gekommen ist, erzählt Leni, dass sie tatsächlich waschechte Hamburgerin ist, so wie ihre Eltern auch. Dass sie keine Geschwister hat und außer auf Klassenfahrten oder ein Mal Mallorca und zwei Mal Türkei nie wirklich weg war. Und dass all ihre Freundinnen gerade verreist sind, während sie sechs Wochen zu Hause abhängen muss.
„Also bei uns bist du immer willkommen“, verkündet Angela, „stimmt doch, Ami?“
Ami wirft Leni einen verschwörerischen Blick zu und lächelt.
*Ich glaube, sie mag mich!*

Dann schweigen sie wieder eine Weile. Leni lässt die grünen Felder und urigen Waldstücke an sich vorbeiziehen und fragt sich nach einer gefühlten Ewigkeit ernsthaft, ob man hier nicht vor Langeweile eingeht, so fernab jeglicher Zivilisation.
In dem Moment biegt Angela auf einen schmalen Schotterweg ab. „Gleich sind wir da!"
Keine zehn Meter weiter fühlt Leni sich wie auf einem anderen Stern. Nur etwa fünf Häuser haben sich in diese Idylle gefügt, wobei eines imposanter ist als das andere.
Das muss das Blankenese von Lüneburg sein, denkt Leni mit einer Mischung aus Bewunderung und Panik.
Die Grundstücke sind riesig. Allein der Vorgarten von Amis Zuhause ist doppelt so groß wie das Rasenstück hinter ihrem kleinen Mittelreihenhaus. Die Auffahrt ist eingefasst mit schicken hellen Kieselsteinen. In der geöffneten Doppelgarage parkt ein dunkelroter Mini, der perfekt zur Hausfassade aus total edel aussehendem Klinker passt. Die breite Eingangstür wird von zwei weißen Säulen und zwei Buchsbäumen davor geziert.
Am liebsten würde Leni ein Selfie machen, weil sie sich vorkommt wie in einer Filmkulisse. Irgendwie kann sie sich gar nicht vorstellen, dass in dieser Bilderbuch-Idylle

der Haussegen schief hängen soll, erst recht nicht, als ein total nett aussehender Mann, Mitte vierzig, sich als Amis Vater vorstellt.

„Du musst Leni sein!“, begrüßt er sie. Rund um seine grünen Augen zeigen sich viele freundliche Lachfalten.

Leni spürt, wie sie mal wieder rot wird. Zum Glück hat sie heute Morgen eine Extraschicht Make-up aufgetragen, um sich neben Ami nicht ganz so unansehnlich zu fühlen.

Als sie die kühle Eingangshalle betreten, werden ihre Augen ganz groß vor lauter Staunen.

*Wow!!!*

Die Einrichtung findet Leni zwar ein bisschen unterkühlt, aber alles ist absolut geschmackvoll und harmonisch aufeinander abgestimmt. Die glänzenden dunklen Fliesen, die offenbar im gesamten Erdgeschoss verlegt sind, passen perfekt zur modernen anthrazitfarbenen Küche, die rechts an den Flur grenzt. Geradeaus findet sich eine breite Milchglastür, hinter der Leni das Wohnzimmer vermutet.

„Wollt ihr euch in den Garten setzen? Dann bringe ich euch was zu trinken“, sagt Amis Mutter und will schon in Richtung Küche verschwinden.

„Ich wollte allerdings gleich noch Rasen mähen“, wirft Amis Vater ein.

„Wieso? Was ist denn mit Robby?“, will Amis Mutter wissen.
*Haben die etwa auch noch einen Gärtner?*
„Robby ist unser Rasenmäher-Roboter“, sagt Ami grinsend, als sie Lenis irritiertes Gesicht bemerkt.
„Funktioniert nicht“, antwortet ihr Vater, worauf ihre Mutter mit den Augen rollt.
„Ich hab gleich gesagt, wir brauchen so einen Quatsch nicht!“, erwidert sie in überraschend scharfem Ton.
Ami tauscht mit Leni einen wissenden Blick, der so viel bedeutet wie: „Siehst du! Die beiden zicken sich nur noch an ...“
Laut sagt sie, dass sie Leni lieber erst mal ihr Zimmer zeigen will.
„Na klar, wir sind im Garten“, entgegnet ihr Vater freundlich. „Meldet euch einfach, wenn ihr etwas braucht.“ Die Eltern verschwinden nach draußen, wo sie offenbar weiterdiskutieren.
„Ein Glück“, sagt Ami leise und deutet Leni mit einer Geste, ihr über die Treppe mit dem gläsernen Geländer nach oben zu folgen.
„Hoffentlich schaffen wir alles, bis du wieder nach Hause fährst“, flüstert sie beim Hochgehen.

Leni lächelt wissend und hofft, dass ihr Skype-Date mit Paula klappt. Und sie hofft, dass Ami darüber vielleicht vergisst, was sie ursprünglich geplant hatten. Denn Leni ist es irgendwie peinlich, von Ami umgestylt und mit Klamotten ausgestattet zu werden. Schließlich ist Amelie bestimmt 10 cm größer und 10 kg leichter als sie und Leni weiß absolut nicht, wie das funktionieren soll. Außerdem will sie sich nicht mit fremden Federn schmücken. Und sie weiß schon jetzt, dass ihre Eltern von dem neuen Look alles andere als begeistert sein werden.
Auch im ersten Stock gerät Leni wieder ins Staunen. Unzählige Zimmer scheinen vom großen Flur abzugehen, sogar eine breite Flügeltür.
„Ist dort das Schlafzimmer deiner Eltern?“, hört Leni sich laut denken. Sie will nicht neugierig sein, aber sie kann sich gar nicht vorstellen, dass die beiden sich scheiden lassen wollen, wo doch alles so perfekt ist! Auch hier oben passt die altrosafarbene Tapete hervorragend zu dem hellgrauen Teppich, den Schwarz-Weiß-Bildern an den Wänden und den teuren Bodenvasen.
„Ja. Die nutzen das auch noch zusammen. Da steht aber auch ein Sofa und ich hab gesehen, dass mein Paps darauf schläft“, antwortet Ami mit traurigem Blick.

Sie tut Leni wirklich leid.
Ganz anders, als sie in ihrem Zimmer ankommen. Da tut Leni sich plötzlich selbst ein bisschen leid. Denn Amis Reich ist etwa viermal so groß wie Lenis und sieht aus wie ein Palast.
*Krass!*
„Das ist ja hammer! Gehört dir das alles ganz allein?", fragt Leni überwältigt, obwohl sie die Antwort schon kennt.
Ami lacht und winkt ab, so als wäre es ihr peinlich, in einem solchen Luxus zu wohnen. „Mein altes Zimmer in Starnberg war viel kleiner. Das hat mir auch gereicht." Sie geht zu einer Tür zwischen ihrem riesigen Bett und der breiten Fensterfront mit Balkon. „Aber das hier war mein absoluter Traum und meine Eltern haben ihn mir erfüllt, weil ich eigentlich nicht herwollte."
Leni folgt Ami in das Nebenzimmer, das kein Kleiderschrank ist, wie sie vermutet hat, sondern sich als gigantisch großes Ankleidezimmer entpuppt. Fassungslos schlägt sie die Hände vors Gesicht. So etwas hat sie noch nie gesehen. Jedenfalls nicht in echt, sondern höchstens mal bei „Promi Shopping Queen" im Fernsehen.
Sämtliche der bestimmt 500 Kleidungsstücke hängen entweder fein säuberlich auf weißen Bügeln an einer Stange,

die über die ganze Breite des Zimmers geht, oder stapeln sich glatt gefaltet in einem der unzähligen glänzend weißen Holzregale. Taschen, Tücher, Schuhe und Schmuck liegen farblich sortiert in den Fächern daneben. Die Krönung des Ganzen ist eine Spiegelwand gegenüber der Kleiderstange, vor der ein schicker Schminktisch mit Vergrößerungsspiegel steht.

„Gefällt es dir?“, fragt Ami und klingt dabei kein bisschen angeberisch, sondern eher verunsichert, als könnte Leni sie als Poserin abstempeln.

„Klar, das ist mega!“, entgegnet Leni.

Sie ist wirklich absolut geflasht.

*Aber Geld allein macht auch nicht glücklich ...*

Das weiß schließlich jeder, auch wenn Leni einen Haufen weniger Probleme hätte, wenn sie ein bisschen mehr Taschengeld bekommen würde.

„Wir haben ja noch ’ne halbe Stunde. Wollen wir mit den Nägeln anfangen, bevor wir Paula anrufen?“, fragt Ami und lächelt sie so erwartungsvoll an, dass Leni nicht Nein sagen kann.

*Was soll’s? Jetzt oder nie ...*

Und dann haben sie tatsächlich eine Menge Spaß. Ami befiehlt Alexa, ihrer sprechenden Musikanlage, das neue

Album von Ed Sheeran zu spielen, und platziert Leni auf dem weichen Stuhl vor ihrem Schminktisch. Dann holt sie einen zweiten dazu und beginnt wie ein Vollprofi, Lenis Fingernägel zu maniküren. Dafür hat sie zuvor eine kleine Schüssel mit Schaumbad und Schwämmchen, verschiedene Feilen und unzählige andere Utensilien bereitgestellt, die für Leni allesamt neu sind. Es dauert kaum eine halbe Stunde, bis sie absolut fantastische French Nails hat.

„Und? Was sagst du?“

Leni guckt ungläubig auf ihre Hände, die das erste Mal in ihrem Leben tatsächlich perfekt, aber auch total fremd aussehen. „Echt nice! Aber ich glaube, ich muss mich erst noch dran gewöhnen.“

„Genau deswegen sollst du ja jetzt schon mal üben. Wenn du willst, mache ich dir das zum Schulstart noch mal neu. Nick wird bestimmt ausflippen!“, ruft Ami freudestrahlend.

*Und meine Eltern erst ...*

„Wir können die Nägel dann auch farbig lackieren“, ergänzt Ami und öffnet eine der kleinen Schubladen ihres Tischchens, aus der bestimmt 20 verschiedene Nagellackfläschchen von Essie hervorblitzen.

„Ich weiß nicht. Irgendwie komme ich mir jetzt schon so komisch vor mit diesen Dingern“, wagt Leni sich vor und

beißt sich auf die Lippe. Sie will ihre neu gewonnene Freundin nicht enttäuschen.
Als Ami einen Schmollmund macht, beeilt sich Leni schnell zu sagen: „Zum Glück ist Nick noch auf dem Skater-Contest. Bis er sich meldet, kann ich noch ein bisschen üben, sie nicht gleich wieder abzubrechen."
„Du solltest aber trotzdem fleißig posten. Wenigstens ein paar Pics auf Insta. Er wird bestimmt sofort anbeißen", erklärt Ami und plötzlich wird Leni heiß und kalt zugleich. *Vielleicht ist das gar keine schlechte Idee!*
Als sie ihr Handy aus der Tasche zieht, sieht sie, dass es schon Zeit für ihr Skype-Gespräch mit Paula ist. „Ups, es ist schon kurz nach drei!"
Und dann geht alles ganz schnell. Ami schnappt sich einen der Stühle, stellt ihn an ihren Schreibtisch, befiehlt Alexa die Musik auszustellen und fährt ihren Laptop hoch. Dann setzen sie sich gespannt vor die Webcam und nehmen endlich Paulas Anruf entgegen.
„Hi!", ruft Paula, ein bildschönes Mädchen, das ohne Probleme bei GNTM mitmachen könnte. „Ich dachte schon, ihr habt mich vergessen!"
„Ups, hallo! Nee, sorry. Wir haben uns nur ein bisschen verquatscht", entschuldigt sich Ami und zeigt auf Leni.

„Das ist Leni und ich bin Ami."
„Ja, hi, ihr beiden! Wollt ihr mir jetzt noch mal genau erklären, worum es geht?", fragt Paula.
Ami wirft Leni einen vielsagenden Blick zu, bevor sie Paula noch mal von der Scheidung ihrer Eltern erzählt und von ihrem Geheimplan, ihre Mum eifersüchtig zu machen.
„Seid ihr denn sicher, dass die Trennung von ihr ausgeht?", hakt Paula kritisch nach. So richtig begeistert scheint sie von der Idee leider nicht zu sein.
Erst zögerlich und dann immer offenherziger berichtet Ami von den vielen Streiten ihrer Eltern. Davon, wie oft ihre Mum mit oder über ihren Paps meckert und dass sie es auch war, die das böse Wort Scheidung ausgesprochen hat und häufiger wegfährt, ohne wirklich zu sagen, wohin.
„Das ist voll krass und alles so anders als früher", erklärt Ami, während ihre Stimme immer brüchiger wird und sich ihre Augen mit Tränen füllen. Behutsam legt Leni ihre Hand auf Amis, die sie daraufhin dankbar anlächelt.
„Meinst du denn, du kannst uns helfen?", traut Leni sich schließlich zu fragen.
Paula überlegt einen Moment. „Wieso nicht? Ich kann euch aber nicht versprechen, dass es auch funktioniert!"
Ami hält die Luft an und stößt dann einen tiefen Seufzer

aus. „Einen Versuch ist es auf jeden Fall wert. Ich hab echt nix zu verlieren!“, sagt sie mit einem tapferen Lächeln.
Sie tut Leni wirklich leid.

## Amelie

Also irgendwie tut Leni Amelie ein bisschen leid, wie sie so verloren dasteht in ihrem mittlerweile fünften Outfit.

„Sorry, aber das ist es immer noch nicht", traut Amelie sich nach einem Moment des Schweigens endlich zu sagen, auch wenn es ihr schwerfällt.

Sie dachte, es sei ganz einfach ein paar lässige Teile zu kombinieren und Leni richtig stylisch aussehen zu lassen. Das Make-up vom Probeschminken nachzuahmen, war ein Kinderspiel. Damit wirkt Leni mindestens zwei Jahre älter. Fast ist Amelie ein bisschen neidisch auf Lenis strahlend blaue Augen.

*Aber das Outfit geht gar nicht!*

„Sag mal, was hat die Bedienung in deinem Stammcafé gesagt? So von wegen Typveränderung und so?", fragt Amelie, weil ihr einfach nichts mehr einfällt, womit sie ihre neu gewonnene Freundin glücklich machen könnte. Sie passt weder in ihre coolen Jeans noch stehen ihr die Shirts mit den Patches oder die hippen Blousons, die Amelie für sie rausgesucht hat. Auch die Leggins sind nicht gerade vorteilhaft für Lenis kurze Beine. Darin könnte man sie tatsächlich für etwas pummelig halten. Dabei ist sie überhaupt nicht dick, findet Amelie.

„Susi? Keine Ahnung", sagt Leni leise und betrachtet sich kritisch im Spiegel, während sie mit ihrem Mund lustige Grimassen schneidet, was sie aber gar nicht zu bemerken scheint.

„Also so darfst du dich vor Nick auf keinen Fall präsentieren!", warnt Amelie kichernd.

„Nee, oder?"

„Ich glaube, die in dem Café meinte, wir dürfen deinen Typ nicht verändern. Und ich finde, sie hat recht."

Leni zieht einen Flunsch und lässt sich, offenbar ziemlich entmutigt, auf den Stuhl vor dem Schminktisch sinken. „Das Ding ist aber, er steht auf stylische Mädels! Ich weiß es und muss einfach akzeptieren, dass ich absolut nicht so bin und auch nie sein werde."

„Was ist denn stylisch?", fragt Amelie grinsend, obwohl sie eigentlich ziemlich genau weiß, woran ihre Freundin denkt.

„Na ja, so Mädchen mit coolen Klamotten – wie du halt“, entgegnet Leni zerknirscht.
„Warte mal!“
Plötzlich hat Amelie eine Idee und springt auf. Sie kniet sich neben Leni und befiehlt ihr, erst einmal die Augen zu schließen und dann tief und ruhig ein- und auszuatmen. So wie Tante Nanni ihr das beigebracht hat.
Amelie macht das Gleiche, blinzelt aber kurz, um zu gucken, ob Leni auch mitmacht. Ihre Augen sind tatsächlich geschlossen. Aber so richtig überzeugt wirkt sie nicht.
„Und?“, fragt Ami, „spürst du etwas?“
„Was denn?“, fragt Leni irritiert zurück.
„Du brauchst jetzt eine Vision deines Traumes! So wie die das von der Wunsch-Wunder-App geschrieben haben: Du musst dir deinen erfüllten Wunsch in allen Farben ausmalen. Was siehst du?“
Leni holt nochmal tief Luft. So, als hätte sie eine unlösbare Monsteraufgabe vor sich.
„Keine Ahnung, ich seh da nix. Oder warte! Nick sitzt bei Susi und wartet auf mich. Und ich stehe hinten im Gang zum Klo und traue mich nicht raus“, erklärt Leni trotzig.
Amelie muss schon wieder grinsen. Aber sie hat sich nun

mal vorgenommen, Leni zu helfen, so wie sie ihr auch hilft. Also ermahnt sie sich, konzentriert bei der Sache zu bleiben.

„Und was hast du an?“

„Keine Ahnung. Meinen Lieblingshoody und Chucks.“

„Okay, dann anders: Stell dir vor, du hast die Hauptrolle in einem Kinofilm. Gleich kommt das Happy End. Vorher gab es Streit oder ein Missverständnis und nun folgt der Versöhnungskuss in Susis Café. Wie siehst du aus?“, fragt Amelie. Sie ist ein bisschen stolz darauf, dass ihr dieser Trick so spontan eingefallen ist.

„Hm“, murmelt Leni, „ist echt schwer. Also, ich hab lange hellblonde Haare und nicht dieses dünne, langweilige Lametta auf dem Kopf –“

„Stopp“, unterbricht Amelie, „du musst positiv bleiben! Du hast also eine tolle Frisur. Was noch?“

„Ich bin geschminkt und habe schicke Nägel“, sagt Leni mit einem ironischen Grinsen und blinzelt ihr zu.

„Stopp! Augen wieder zu! Was noch?“, entgegnet Amelie streng.

„Und ich trage ein knallrotes Kleid. Nicht so wie auf dem roten Teppich, sondern eher so sommerlich wie in einem Werbeclip.“

Amelies Herz macht einen Hüpfer – denn Leni lächelt glücklich.
„Lass die Augen bitte noch kurz zu!“, sagt sie frohlockend und springt voller Energie auf, um sich mit einem gezielten Handgriff eines ihrer Lieblingskleider zu schnappen. Es leuchtet hellrot, ist aus leichtem Jersey, knielang und hat Spaghettiträger und dazu einen angesagten Carmenausschnitt mit Rüschen am Dekolleté.
Gespannt baut Amelie sich vor Leni auf und hält triumphierend das Kleid auf dem Bügel hoch. „Voilà!“
Leni öffnet nicht einfach ihre Augen, sondern reißt sie richtig auf, als sie das Kleid sieht. Und sprachlos ist sie auch noch.
*Volltreffer!*
„Und? Das müsste dir passen“, freut sich Amelie, „mir ist es nämlich ein bisschen zu kurz.“
„Wow, das ist echt schön. Aber ist das nicht ziemlich overdressed?“, fragt Leni besorgt.
*Sie ist wirklich eine Anfängerin ...*
„Lass mich mal machen! Das ist alles bloß eine Frage der Kombi und der Accessoires!“, erklärt Amelie strahlend und weiß schon jetzt, dass Leni begeistert sein wird.

# Paula

Meine Süße, das ist wirklich ein tolles Zeugnis", sagt Paulas Mutter gerührt und streichelt ihr zärtlich übers Haar.

„Ich hab doch gesagt, dass ihr euch keine Sorgen zu machen braucht", entgegnet Paula und beißt sich leicht nervös auf die Lippe.

*Hoffentlich klappt es!*

Paula hat schon mal definitiv ein gutes Timing bewiesen. Immer wenn ihre Mutter vom Yoga kommt, ist sie viel entspannter als sonst.

„Ich freue mich sehr und Papa wird auch Augen machen nachher", meint Paulas Mutter nicht ohne Stolz in der Stimme. Sie legt das Zeugnis mit dem 2er-Schnitt vorsichtig auf dem Sideboard ab, so als würde es sich um etwas Zerbrechliches handeln.

„Apropos Papa", wagt sich Paula vor, „er hat mir neulich einen kleinen Ferientrip versprochen."

Paulas Mutter wendet sich ihr zu und verzieht amüsiert ihre Mundwinkel. So, als hätte sie genau darauf schon gewartet. „Und? Was hast du dir da vorgestellt?", fragt sie mit hochgezogenen Augenbrauen.
Aber in ihrem Blick liegt noch immer etwas Liebevolles, sodass Paula sich spontan entschließt, einfach zu sagen, was sie auf dem Herzen hat: „Eine Freundin aus der Nähe von Hamburg hat mich eingeladen, sie für ein paar Tage zu besuchen."
„Aus Hamburg? Wer denn?", fragt Paulas Mutter erstaunt.
„Na, Amelie! Ich hab dir bestimmt schon öfter von ihr erzählt", schwindelt Paula ein bisschen, weshalb sie umso mehr bemüht ist, ab jetzt so dicht wie möglich bei der Wahrheit zu bleiben. Womöglich verstrickt sie sich sonst noch in Widersprüche und so ganz wohl ist ihr beim Lügen nie. „Sie ist erst vor Kurzem dort hingezogen."
„Ach so", sagt ihre Mutter nachdenklich, „und wie lange willst du bleiben? Und wissen ihre Eltern davon?"
Paula hält die Luft an. Sie muss ganz genau überlegen, was sie antwortet. „Ja klar. Ich bleibe ja auch nicht lange und bezahle auch mein Zugticket selbst."
Dass sie gar nicht bei Ami, sondern im Hotel übernachtet,

kann sie schlecht sagen. Dann würde ihre Mutter ihr die Reise gar nicht erlauben.
Ami hat ihr extra ein Zimmer in der Nähe des Büros ihres Vaters gebucht, damit sie ihn in der Mittagspause gut abpassen kann. Der Plan ist, dass Paula ihn in ein Gespräch verwickelt und wie zufällig an der Schulter berührt. Und in dem Moment wird Leni sie heimlich mit der Handykamera aufnehmen, um Amis Mutter eifersüchtig zu machen.
„Okay, meinetwegen, wenn Papa nichts dagegen hat?", antwortet Paulas Mutter schließlich seufzend.
Paula weiß, wie schwer ihr das fällt, und drückt ihr dankbar und erleichtert einen Kuss auf die Wange.
*Endlich komme ich hier mal raus!*
Sie will schon freudig in ihr Zimmer verschwinden, um Ami die gute Nachricht zu überbringen, als ihre Mutter sie am Arm festhält. „Moment noch! Was ist denn mit dem Zeitungaustragen? Das kannst du doch nicht einfach so ausfallen lassen."
*Mist, daran hab ich gar nicht gedacht!*
„Ach, bis dahin bin ich ja wieder da", beruhigt Paula sie. So genau hat sie die Tage mit den beiden Mädels noch gar nicht geplant. Schließlich muss Ami erst noch den Terminplan ihres Vaters checken. Da ihre Mama nicht weiter

nachhakt, sucht Paula lieber schnell das Weite, bevor sie sich doch noch verplappert.

# Leni

Liebe Pummeline!
Heute ist der 18. von 44 Tagen bis zur Erfüllung deines Wunsches. Setz dich vor einen Spiegel und blicke dir fest in die Augen! Stelle dir dabei vor, wie es wäre, wenn sich dein Wunsch bereits erfüllt hätte! Wie fühlt es sich an? Was strahlst du aus? Speichere diesen besonderen Moment in deinem Herzen und schon bist du ganz nah dran an deinem großen Glück.
Dein Wunsch-Wunder-Team

Leni starrt ungläubig aufs Display ihres Handys und switcht wieder und wieder zwischen der Wunsch-Wunder-App und der WhatsApp-Nachricht von Nick hin und her. Sie kann es einfach nicht fassen. Da steht sie in ihrem bis ins kleinste Detail zusammengestellten Outfit noch mal zur Probe vor dem Spiegel, schließt ihre Augen und malt sich aus, wie schön es wohl wäre, ein Date mit Nick zu haben. Und im selben Augenblick schickt er ihr eine Nachricht:

```
hi leni, wie sieht's aus? kannst du
mir demnächst mal ein update in sachen
schulstoff geben? n.
```

Lenis Herz hüpft wie verrückt.
*Wenn das kein megamagisches Zeichen ist!*
Außerdem schreibt er seinen Text nur mit kleinen Buchstaben – genau wie sie!
*Aber wieso schickt er keine lieben Grüße? Und kürzt seinen ohnehin kurzen Namen ab?*
Egal, er hat angebissen. Genau wie es Ami prophezeit hat, nachdem sie ein Selfie von Lenis top geschminktem Gesicht als neues Profilbild bei WhatsApp hochgeladen haben. Sogar Flo hat gleich drauf reagiert mit jeder Menge Daumen-hoch-Emojis. Und das, obwohl sie mitten in der kanadischen Wildnis eigentlich von allem Weltgeschehen abgeschnitten ist.
Mit wackeligen Knien tritt Leni an ihr Bett und lässt sich auf ihre Decke sinken. Sie muss erst mal durchatmen.
*Oh Gott, das Kleid!!*

Schon schnellt Leni wieder hoch, um das teure Stück nicht zu zerknittern. Sie geht zurück zum Spiegel, um zu checken, ob es noch gut sitzt, und stellt erleichtert fest, dass der weiche Stoff keine einzige Falte geschlagen hat. Überhaupt ist er so fließend und geschmeidig, dass er sich anfühlt wie eine zweite Haut. Dazu wird Leni eine lässige Jeansjacke und ihre geliebten Chucks tragen, die den gleichen Rotton wie das Kleid haben.

So würde sie sich tatsächlich zu ihrem Date trauen, wären da nicht noch dieses ungelöste Problem mit ihren Haaren und diese Riesenpanik, kein Wort rauszubringen, sobald Nick vor ihr steht.

*Ich sollte ihm ein Date im Dunkelrestaurant vorschlagen!*

*Aber was, wenn er sich bei mir zu Hause treffen will?*

Mit skeptischem Blick sieht Leni sich in ihrem Zimmer um, das vor allem nach dem Kulturschock bei Ami peinlich uncool erscheint. Wie das Zimmer eines kleinen Mädchens! An Lenis Schreibtisch aus Kiefernholz finden sich Reste alter Einhorn-Aufkleber. In ihrem Regal stehen noch jede Menge Pferdebücher und ihre DVD-Sammlung ist mit *Hanni & Nanni* und *Bibi & Tina!* auch alles andere als vorzeigbar. Auch müsste sie sämtliche Fotos, auf denen sie mit Flo in peinlichen Outfits herumalbert, verstecken, falls

Nicklas Wilke jemals zu Besuch sein sollte. Darüber hinaus ist ihr Reich gerade mal so groß wie Amis Ankleidezimmer und sie wüsste gar nicht, wo sie sich mit ihm hinsetzen könnte. Allein bei dem Gedanken, sie würde mit Nick auf ihrer Blümchendecke sitzen, wird Leni knallrot im Gesicht. Damit ist klar, dass sie besser die Flucht nach vorn antreten und ein Treffen bei Susi ausmachen sollte.

*Aber was heißt eigentlich demnächst?*

In ihren Ohren klingt *demnächst* nach nächster Woche. Was aber, wenn er damit erst nächsten Monat meint? Dann würde er doch sofort checken, was los ist, wenn sie schon für nächsten Dienstag ein Treffen vorschlägt!

Leni braucht dringend einen Rat. Ein Blick auf die Uhr verrät ihr, dass Flo noch im Tiefschlaf sein müsste. Also schreibt sie Ami und Paula eine SOS-Nachricht:

> nick hat sich gemeldet und gefragt, ob wir uns „demnächst“ treffen wollen!!!!!! was soll ich denn jetzt bloß antworten????????

Um die Dringlichkeit ihres Anliegens zu betonen, schickt Leni schnell noch ein paar Panik-Emojis hinterher. Und tatsächlich antwortet Ami zum Glück in Sekundenschnelle:

Cool bleiben! Lass ihn bloß nicht merken, dass du schon auf eine Nachricht von ihm gewartet hast. Schlag ihm knapp, aber höflich einen Termin und Treffpunkt vor!

Gerade als Leni fragen will, wie lange sie Nick denn warten lassen soll, kommt eine Nachricht von Paula:

Genau! Wenn du ihn treffen willst, dann schreib ihm doch gleich wann und wo. Verhalte dich ganz selbstbewusst, dann bist du es auch. ;-)

Kein Wunder, dass sie einen Zwinkersmiley benutzt, denkt Leni. Dieser Tipp geht nämlich ziemlich an der Realität vorbei. Schließlich wird Leni überhaupt nicht mehr runterkommen, sobald Ort und Zeit für ein Treffen feststehen. Mit feuchten Händen formuliert sie einen Text, den sie in der Wunsch-Wunder-Weiber-Gruppe postet, damit die Mädels ihn absegnen können.

Meint ihr, ich kann das so schreiben?
hi nick, klar, kein problem. wollen wir uns ende der woche im coffee to stay treffen? lg leni

Während Paula nur mit einem *Yes!* antwortet, hat Ami offenbar noch Einwände:

> Schon ganz gut. Aber klingt „Ende der Woche" nicht zu unterwürfig? So, als ob du auf ihn wartest und er das spontan entscheiden kann?

Nachdenklich kräuselt Leni ihre Stirn. Womöglich hat Ami auch damit recht. Also beginnt sie, den Text noch mal neu zu formulieren. Mittendrin meldet sich Paula noch mal zu Wort:

> Totaler Quatsch! Diese Spielchen sind doch echt albern. Entweder ist es dir wirklich egal wann. Oder eben nicht. Und dann musst du einfach was vorschlagen. btw: Ich muss bis nächsten Mittwoch wieder zu Hause sein. Wisst ihr jetzt inzwischen, wann genau wir unseren Plan umsetzen können?

Und dann chatten Paula und Ami noch ein paarmal hin und her und planen das Treffen in Hamburg über Lenis Kopf hinweg, der nur noch raucht, weil sie sich total überfordert fühlt. Vielleicht sollte ich lieber eine Nacht drüber schlafen, überlegt Leni und fühlt sich schon etwas besser. Schließlich sind die Ferien noch lang, und je weiter sie das Date hinauszögert, desto mehr Zeit hätte sie, ihre To-do-Liste abzuarbeiten. Schließlich hat sie mit ihren Nägeln und ihrem Outfit erst zwei von fünf Punkten geschafft. Wie soll sie in kürzester Zeit das auf dem Kopf zulegen, was sie am Körper abnehmen will?

*Sobald ich beim Friseur war, werde ich mich bei Nick melden und in der Zwischenzeit eine Nulldiät machen!*

Gerade als sie erleichtert ihr Handy weglegen will, bekommt Leni eine neue Nachricht. Sie ahnt nichts Gutes. Und na klar, Ami hakt noch mal nach:

@Leni: Hallo? Bist du noch da??? Was hast du ihm jetzt geantwortet?

Leni beißt sich auf die Lippe. Weil sie nicht weiß, was sie schreiben soll, schickt sie einfach einen sprachlosen Smiley. Sofort macht es wieder *Pling!*

Na los! Wie willst du ihn denn besser kennenlernen, wenn du diese Chance verstreichen lässt?

aber ich trau mich einfach nicht.

Was jetzt genau?

mich schon mit ihm zu treffen. ich bin noch nicht so weit.

Aber bald sind die Ferien vorbei!

Außerdem wird er dich für eine Zicke halten, wenn du ihm nicht helfen willst ...

meldet sich nun auch Paula wieder zu Wort.

Wo genau ist denn das Problem?

Leni ist verzweifelt.

auf meinem kopf! ich muss unbedingt vorher noch zum friseur. aber auch das traue ich mich nicht.

Weil Paula ganz viele Fragezeichen auf einmal schickt, bringt Leni sie auf Stand. So knapp wie möglich erklärt sie, dass Nick auf lange Haare steht, so wie Paula sie hat, und dass sie eigentlich Extensions bräuchte, aber ihre Eltern das niemals erlauben würden. Eine ausweglose Lage!

Dann mach es doch so, wie deine Freundin es vorgeschlagen hat. Wenn deine Eltern sehen, wie happy du damit bist, erlauben sie es im Nachhinein ganz bestimmt.

Amelie hat gut reden, denkt Leni. Sie würde die Extensions sogar noch bezahlt bekommen von ihren Eltern!

ich weiß nicht. mir nimmt doch kein friseur ab, dass ich schon 16 bin.

Dann schmink dich älter!

kann ich nicht. und allein traue ich mich sowieso nicht.

Leni hält die Luft an und überlegt, ob sie das wirklich bringen kann. Sie hat um die hundert Euro in ihrer Spardose. Das könnte reichen für einen Friseurbesuch. Dann holt Paula sie ins Hier und Jetzt zurück:

Warum bleibst du nicht einfach du selbst?

Weil er nur auf mädels mit langen blonden haaren steht!!!

Sicher? Na gut, wenn du unbedingt Extensions haben willst und dich dafür älter schminken musst, können wir das vielleicht zusammen machen. Ich muss mich ja auch älter schminken für meinen „Auftritt".

Ich kann euch ja schminken. Und dann gehen wir zu dritt zum Friseur!

schreibt Ami und Paula ergänzt:

Super Idee!

*Jetzt wird es ernst ...*
Nachdem die drei sich für übermorgen am Hamburger Hauptbahnhof verabredet haben, bleibt Leni keine andere Wahl mehr. Mit klopfendem Herzen tippt sie ihre Antwort an Nick:

klar, kein problem. wollen wir uns freitag im coffee to stay treffen? 15 uhr? lg leni

Leni geht auf Senden und drückt ihr Handy eine ganze Zeit lang fest an ihre Brust, als würde es sich um ihren kostbarsten Schatz handeln. Sie schließt die Augen und wünscht sich aus tiefstem Herzen, dass alles gut geht. Und dann passiert tatsächlich ein Wunder. Nick antwortet genau in dieser Sekunde:

👍 😉

Mit einem glücklichen Grinsen im Gesicht lehnt Leni sich zurück.

*OH, MEIN GOTT! ICH HAB EIN DATE MIT NICK WILKE!!!*

# Amelie

Nervös trippelt Amelie von einem Bein auf das andere. Obwohl es noch ein paar Minuten dauert, bis der Metronom am Hauptbahnhof einfährt, hat sie sich bereits an die Tür gestellt. Zum Glück hat ihre Mum ihr geglaubt, dass Lenis Mutter sie vom Zug abholt und abends wieder hinbringt. Sonst hätte sie ihre Tochter direkt nach Hamburg gefahren. Amelie hat zwar ein schlechtes Gewissen, dass sie ihre Mum anschwindeln musste, aber der Zweck heiligt die Mittel. Und schließlich wird Leni ja dort sein, die sich bestens auskennt in ihrer Heimatstadt.
Kopfzerbrechen bereitet ihr auch ihr geheimer Plan.
*Hoffentlich klappt es!*
Eine halbe Stunde nach Amelie soll Paula in Hamburg ankommen. Gemeinsam werden sie in das Hotel fahren, in dem Amelie für Paula ein Zimmer reserviert hat. Dort besprechen sie Paulas Einsatz am nächsten Tag, in der Mittagspause von Amelies Paps. Der wird um 12.30 Uhr ein

Geschäftsessen in seinem Stammlokal haben, sodass Paula ihn dort abfangen und geschickt in ein Gespräch verwickeln kann. Sie muss sich nur dicht neben ihn stellen und ihm die Hand auf den Arm legen und schon wird es auf Lenis Fotos so aussehen wie eine Affäre. Später wird Leni Amelie die Fotos schicken, sodass die ihrer Mum gegenüber behaupten kann, ihre Freundin habe ihren Paps mit einer anderen Frau beobachtet.
Im Hotel werden sie erst mal das Profi-Make-up ausprobieren, das sowohl Paula als auch Leni älter erscheinen lassen soll. Dann steht Lenis Friseurbesuch an, damit ihr Date – nach ihrem Auftritt als Amateurdetektivin – perfekt wird. Eigentlich ist alles geritzt!
Schon bevor Amelies Zug zum Stehen kommt, entdeckt sie Leni am Bahnsteig. Sie freut sich total, ihre neue Freundin wiederzusehen, und ist schon so gespannt auf Paula.
*Ob sie auch live so hübsch ist wie auf ihren Profilbildern und beim Skypen?*
Amelie kann nicht anders, als Leni von oben bis unten abzuchecken. Sie erkennt sie kaum wieder. Denn sie sieht nicht nur einfach toll aus – sie strahlt auch, als wäre sie schon jetzt frisch *und* glücklich verliebt.
„Wahnsinn. Du siehst mega aus!“, begrüßt sie Leni und

schließt sie fest in die Arme. „Cooles Outfit!“ Amelie grinst wissend, denn Leni trägt eine weiße Bluse und dazu superschicke High Heels, zu denen Amelie ihr geraten hat. „Hast du die extra für heute gekauft?“

„Von meiner Mama geliehen.“

„Du siehst echt krass anders aus! Der Gürtel in dem Greenery passt ja perfekt zu den Schuhen, hammer!“, freut sich Amelie und bewundert Lenis Look, den sie nicht besser hätte zusammenstellen können.

„Danke! Ich hab aber echt Schiss, dass meine Eltern nachher durchdrehen.“

„Aber deine Nägel fand deine Mutter doch auch okay. Sie werden bestimmt begeistert sein“, versucht Amelie ihre Freundin zu beruhigen.

Und dann machen sie sich eilig auf zu Gleis 11, um Paulas Ankunft nicht zu verpassen.

„Ich weiß nur nicht, ob ich das alles überlebe“, sagt Leni mit zerknirschtem Gesichtsausdruck, während sie auf den ICE aus Köln warten. „Ich kann schon gar nichts mehr essen vor lauter Aufregung!“

„Echt?! Na, wenn wir erst mal mit deinem Umstyling fertig sind, wirst du ganz entspannt zu deinem Date gehen können!“, meint Amelie.

Unter lautem Getöse fährt der Zug ein.
Da jede Menge Fahrgäste aussteigen, haben die beiden Mühe, Paula zu finden. Amelie beginnt schon eine Nachricht an sie zu schreiben, als Paula anruft.
„Wo seid ihr?“, fragt sie ohne Umschweife.
Gerade als Amelie ihr erklären will, an welchem Abschnitt sie warten, sieht sie von Weitem ein Mädchen, das Paula sein könnte. Sie ist groß, schlank, hat lange, glatte blonde Haare, einen eher sportlichen Style und ein Telefon am Ohr.
„Ich seh dich …“ Amelie beendet das Gespräch und winkt dem Mädchen zu, das sofort zurückwinkt. Dann laufen sie sich entgegen, fast so wie alte Freundinnen, die sich viel zu lange nicht mehr gesehen haben.

# Paula

Total krass!“, meint Paula und mustert ihr perfekt geschminktes Gesicht im Spiegel, während Ami und Leni hinter ihr stehen und zusehen.

„Ami ist echt ein Vollprofi!“, pflichtet Leni ihr bei.

„Ich hoffe nur, ich bekomme das morgen auch allein hin!“ Paula ist ohnehin schon mächtig nervös wegen ihres bevorstehenden Einsatzes.

„Klar kriegst du das hin! Wir machen am besten noch ein paar Fotos, dann kann nichts schiefgehen“, meint Ami überzeugt.

„Schade, dass du nicht auch ein Haarprofi bist!“, seufzt Leni.

Paula muss schmunzeln. „Du hast echt einen Knall! An deiner Stelle würde ich die Haare so lassen!“ Lächelnd legt sie Leni den Arm um die Schulter.

„Du hast gut reden, mit deinen super Haaren! Aber meine sind einfach nur kurz und dünn und langweilig. Und

Nick –" „... steht nun einmal auf lange blonde Haare!", rufen Paula und Ami wie aus einem Mund und lachen laut. Leni zieht einen Flunsch, sodass Amelie sich beeilt zu sagen: „Schneiden könnte ich dir deine Haare bestimmt. Das hab ich früher auch immer bei meinen Puppen gemacht. Aber Färben und Extensions? No way!"

„Egal, das wird schon klappen beim Friseur", versucht Paula sie aufzumuntern, obwohl sie wirklich nicht verstehen kann, wie man um Haare, Make-up und Klamotten so einen Wind machen kann. Sie kennt nicht einen Jungen an ihrer Schule, für den das Outfit und das Make-up eines Mädchens eine so große Rolle spielen würden. Im Gegenteil: Sie weiß, dass zu viel Schminke die Jungs eher abschreckt. „Make-up brauchst du doch eigentlich gar nicht, bei deinem hübschen Gesicht!"

Leni lächelt erfreut, aber Paula merkt, dass es jetzt schon zu spät ist, um sie von ihrem Plan abzubringen.

Trotzdem kann sie ihre Bedenken nicht für sich behalten. „Aber wird Nick sich denn nicht total wundern, wenn du auf einmal ganz andere Haare hast?"

Leni zuckt mit den Schultern. „Nick weiß sowieso nicht, was ich für Haare habe. In der Schule hat er mich nie groß beachtet und im Bus hatte ich ja ein Käppi auf. Also wenn ich es heute nicht mache, dann traue ich mich nie mehr", erklärt sie seufzend.

„Also gut, Mädels, dann lasst uns aufbrechen! Das wird sicher ein paar Stunden dauern, bis du fertig bist", beendet Ami schließlich die Diskussion.

*Ich weiß nicht ...*

Paula ist nicht wohl bei der Sache. Aber sie will auch nicht die Spaßbremse geben. Sie mag Leni und Ami und sie will sie nicht enttäuschen. Schließlich hat sie beiden ihre Unterstützung zugesagt und Paula findet es wahnsinnig großzügig, dass sie einen Gratisausflug ins coole Hamburg, dazu noch in dieses schicke, sicher sauteure Hotel spendiert bekommt, wo sie doch bloß ein paar Minuten so tun muss, als würde sie mit Amis Papa flirten. Der auf den Fotos, die Ami ihr gezeigt hat, sehr nett und lustig wirkt. Sie wird einfach so tun, als hätte sie ihn mit jemand anderem verwechselt.

Und Leni hat sie versprochen, dass sie sich als ihre große Schwester ausgibt, falls der Friseur ihr nicht glaubt, dass sie Extensions haben darf. Sie kann sie ja nicht einfach so hängen lassen, so kurz vor dem Ziel.

# Leni

*Das ist der schlimmste Tag meines Lebens!*

Nach über vier Stunden, die dieser Möchtegernfriseur mit ihren Haaren experimentiert hat, ist sie endlich fertig. Fertig mit Haarverlängerung. Fertig mit Farbe. Und fertig mit den Nerven. Als Enrico, so der bescheuerte Name dieses angeblichen Haarprofis, ihr mithilfe eines Handspiegels ihren Kopf von hinten präsentiert, kämpft Leni mit den Tränen. Und dann soll sie auch noch 150 Euro hinblättern für diese angebliche Verschönerung!

Geträumt hat sie von einer Löwenmähne – von langem, seidigem, vollem, hellblondem, locker fallendem Haar. Erwartet hat sie eine wenigstens nette Langhaarfrisur mit leichter Aufhellung. Bekommen hat sie ein paar gelbliche Fusseln, die aussehen wie eine gerupfte Faschingsperücke.

„Und, was sagst du?", fragt Enrico nicht ohne Stolz in der Stimme.

Hilfe suchend guckt Leni zu Ami und Paula, die zwischendurch etwas zu essen geholt haben und glücklicherweise rechtzeitig wieder da sind, um sie aufzufangen.

„Ist doch gar nicht so schlecht!“, sagt Ami leise, aber wenig überzeugend. An ihrem entsetzten Gesichtsausdruck kann Leni ablesen, dass sie lügt.

„Also ich hab mir das irgendwie anders vorgestellt“, sagt Paula ehrlich und sieht Leni dabei voller Mitgefühl an.

„Das ist das Beste, was ich daraus machen konnte bei diesem kleinen Budget“, beschwert sich der Friseur mit dem hässlichen Spitzbart und befreit Leni von ihrem Umhang. Er geht in Richtung Kasse. Leni schnappt sich ihre Tasche, wirft ihren beiden Begleiterinnen einen unsicheren Blick zu und trottet schließlich Enrico hinterher, um ihm alles Geld zu geben, das sie so auf die Schnelle zusammenkratzen konnte.

Sie hätte es wissen müssen, spätestens als er die erste dünne Bonding-Strähne an ihren Haarspitzen fixierte. Abgesehen von ihrem komischen Gefühl, sah es von Anfang an einfach nur beknackt aus. Auch als er ihr danach angeblich „total natürliche blonde Strähnchen, wie von Sommersonne gezaubert“ gemacht hat, saß Leni bereits wie erstarrt auf ihrem Stuhl. Sie hatte solche Angst, dass ihr Haar am Ende grünlich und sie wie ein Troll aussehen könnte.

Doch Enrico versicherte ihr, nach dem Föhnen würde sie „einer wunderbar perfekten Baywatch-Beauty“ gleichen. Und nun sind Lenis Haare nicht nur gewellt, obwohl sie sie glatt wollte, sondern sie haben auch noch einen Gelbstich!!!
„Das macht 149 Euro“, verkündet Enrico und nimmt lächelnd Lenis Geld entgegen.
„Halt! Das zahlst du nicht!“, protestiert Paula plötzlich und tritt zu ihr an den Kassentresen.
Eine ältere Dame, die unter einer Wärmehaube sitzt und die „Bunte“ liest, schaut irritiert zu ihnen herüber.
„Das ist viel zu viel Geld für dieses Ergebnis!“, beschwert sich Paula. „Und das wissen Sie ganz genau!“
*Oh mein Gott!!!*
Enrico guckt böse von Leni zu Paula. Dann stolziert er hoch erhobenen Hauptes zur Ladentür. „Ihr müsst euch das bei Tageslicht ansehen!“
Argwöhnisch folgen die drei Mädchen ihm nach draußen.
„Das ist eine fabelhafte Verwandlung“, behauptet er und lächelt dabei ziemlich fies.
„Verwandlung stimmt, aber in die falsche Richtung“, mischt sich nun auch Ami ein, während Leni überfordert von einem zum anderen blickt.

In dem Moment schnappt sich Paula einfach die Kohle, die Enrico bis eben fest umklammert hielt.

„Moment mal, ich rufe gleich die Polizei!", beschwert er sich.

„Und ich rufe erst mal unsere Eltern an", entgegnet Paula und zückt ihr Handy.

*Hilfe, was wird das hier?!*

Gleich wird alles auffliegen – dass Paula nur vorgetäuscht hat, die große Schwester zu sein, was eh eine Schwachsinnsidee war, weil sie zusammen eher wie Dick und Doof als wie Hanni und Nanni aussehen. Dann wird Enrico drauf bestehen, ihre Eltern zu sprechen, oder aber wirklich die Polizei rufen.

„Unser Vater ist Anwalt. Er wird schon wissen, was zu tun ist, wenn ein Friseur seine Kunden verarscht", stellt Paula ohne Skrupel, aber mit viel Schauspieltalent klar.

Leni und Ami wechseln alarmiert einen Blick. Paula hingegen starrt den Mann böse an und hält immer noch drohend ihr Handy hoch.

Schließlich nimmt sich Enrico einen der drei 50-Euro-Scheine und verschwindet wieder in seinem Laden, nicht ohne die Mädchen noch mal wütend anzuschauen.

*Krass!*

Leni steht der Mund offen.

„Wenn das nicht überzeugend war!“, freut sich Ami und dann rennen sie los, bis zur nächsten Straßenecke, und fangen so richtig zu lachen an. So lange, bis sich Lenis Lachen allmählich in Jammern und schließlich in Heulerei verwandelt.

*Was für ein Albtraum!*

# Amelie

„Ami?“, hört Amelie ihre Mum von unten laut rufen.

*Oh nein, nicht jetzt!*

Sie kann heute keinen klaren Gedanken fassen. Schon in einer Stunde wird ihr Paps zu seinem Geschäftsessen aufbrechen und dort scheinbar zufällig Paula über den Weg laufen. Gerade hat ihre Freundin ein Selfie geschickt, auf dem sie mindestens wie 25 aussieht. Einerseits ist sie superhübsch zurechtgemacht mit ihrem wirklich top geschminkten Gesicht und ihren dezent eingedrehten Haaren. Andererseits wirkt sie durch ihr Outfit nicht nur attraktiv, sondern auch seriös.

Nachdem sie Leni gestern verabschiedet haben, waren Amelie und Paula noch an der Alster und in der Mönckebergstraße. Bevor Amelie dann zurück nach Lüneburg gefahren ist, hat sie Paula noch ein Kleid gekauft, das sie als Dankeschön behalten darf. Das hellblaue Etuikleid ist zwar nicht wirklich Paulas Style, aber es passt perfekt zu ihren silberfarbenen Sandaletten und auch zu Amelies Tasche, die sie Paula für ihren Einsatz geliehen hat.

„Wir haben Besuch! Kommst du?“

*Ich darf mir absolut nichts anmerken lassen ...*

Mit kritischem Blick mustert sie sich im Spiegel, dann atmet sie noch mal tief durch und ruft: „Komme!“

Als Amelie von der Galerie nach unten schaut, freut sie sich, unten Tante Nanni zu sehen.

„Hallo!“, ruft sie ihr entgegen und hält kurz die Luft an, weil es so seltsam schrill klang.

Sie hat richtig weiche Knie. Wie soll sich da erst Paula fühlen, die extrem professionell vorgehen muss? Und Leni, die nach ihrer Paparazzi-Aktion mit ihrer ruinierten Frisur auf Nick treffen wird???

„Nanni hat uns jede Menge Erdbeeren mitgebracht. Wollen wir uns in den Garten setzen?“, fragt Amelies Mum.

Nanni und Amelie lächeln sich an. Am liebsten würde sie aber sofort wieder nach oben stürmen, um weiter mit den Mädels zu chatten.

*Wie soll ich denn jetzt auch nur ein vernünftiges Wort rausbringen?*

„Ich wasche sie eben ab“, versucht Amelie die Flucht nach vorn oder besser gesagt in die Küche anzutreten.

Doch ihre Mum hält sie am Arm fest und erklärt lächelnd: „Das ist doch längst erledigt."
„Außerdem sind die Erdbeeren aus meinem Garten. Und da spritze ich kein Giftzeug!", ruft Nanni fröhlich und folgt Angela nach draußen.
Also bleibt Amelie wohl nichts anderes übrig, als sich anzuschließen. Alles andere wäre jetzt erst recht verdächtig.
„Ich könnte den ganzen Tag lang Erdbeeren essen", sagt ihre Mum, als sie sich eine in den Mund steckt und allen dreien eine Rhabarberschorle einschenkt.
„Früher mochtest du die gar nicht so gern, oder?", wundert sich Amelie.
„Aber die von Nanni sind einfach köstlich", schwärmt ihre Mutter.
Und dann beginnt Nanni Fragen zu stellen, auf die sie überhaupt keine Lust hat. Wie es mit ihrer neuen Freundin aus Hamburg laufe, ob sie mal wieder etwas zusammen unternehmen werden und ob sie sich schon auf den Ostseeurlaub freue.
Höflich, aber knapp antwortet Amelie, obwohl sie ununterbrochen an Paula, Leni und ihren irgendwie armen Paps denken muss. Aber es ist ja für eine gute Sache.
*Genau jetzt müssten sie beim Italiener aufeinandertreffen!!!*

„Apropos Ostseeurlaub. Was hältst du eigentlich davon, wenn wir morgen schon fahren?“, fragt ihre Mutter.
Amelie ist froh, dass sie sich wieder in das Gespräch mischt.
„O. k., aber wieso? Wir wollten doch eigentlich erst Mittwoch los“, erwidert Amelie und guckt zum x-ten Mal nervös auf ihre Uhr.
„Wenn wir morgen fahren, würde Papa nachkommen und sogar bis Montag bleiben“, freut sich ihre Mutter.
Amelie hält die Luft an und steckt sich dann auch eine der Erdbeeren in den Mund, weil sie nicht weiß, was sie sagen soll. Unter keinen Umständen soll ihr Paps dabei sein, wenn Amelie ihrer Mum die kompromittierenden Fotos zeigt.
„Er musste heute spontan nach Berlin und würde dann direkt von dort nach Boltenhagen fahren!“, erklärt ihre Mutter und wendet sich an Nanni, um sie zu bitten, die Blumen zu gießen.
Amelie bekommt augenblicklich einen Hustenanfall, weil sie sich fürchterlich an der Erdbeere verschluckt hat.
*Das darf nicht wahr sein!!!*
„Alles o. k., mein Schatz?“, fragt ihre Mum besorgt und klopft ihr auf den Rücken.
„Ja, geht schon“, lügt Amelie, „ich geh mal eben aufs Klo.“

# Paula

Vielleicht haben wir ihn einfach nicht erkannt“, sagt Paula zu Leni, die im Eiscafé gegenüber gewartet hat. Über eine halbe Stunde haben sie nach Amis Vater Ausschau gehalten. Aber außer einem Pärchen und einer Gruppe von fünf Rentnern ist niemand gekommen.

„Und was machen wir jetzt?“, fragt Leni und zupft schon wieder an ihrem Käppi rum.

„Zum hundertsten Mal, du siehst toll aus, ehrlich!“, versucht Paula sie zu beruhigen.

„Du kannst wirklich super schauspielern“, entgegnet Leni missmutig und verzieht ihre Mundwinkel.

„Ich meine es ernst, dein Look ist richtig cool! Nick wird absolut nicht merken, dass du bloß deine Haare verstecken willst!“

Leni atmet tief durch und schaut aufs Handy.

„Noch kann ich ihm absagen“, murmelt sie und fängt schon an zu tippen.

Kurzerhand schnappt Paula ihr das Handy weg und sieht sie streng an. „Du gehst dahin! Ihr werdet Spaß haben, ganz bestimmt. Und nach den Ferien startest du voll durch. Der wird sich umgucken!"
„Ja, nach jeder anderen, nur nicht nach mir!"
*Ein hoffnungsloser Fall!*
„Ich frage mich, warum Amis Vater nicht gekommen ist", wechselt Paula das Thema.
„Ist echt seltsam. Aber bist du nicht auch ein bisschen erleichtert?", fragt Leni verwundert. „Ich an deiner Stelle wäre voll nervös gewesen oder so aufgeregt wie ich jetzt!"
In dem Moment kündigt erst Lenis, dann Paulas Handy den Eingang einer neuen Nachricht an.
„Vielleicht sagt *Nick* ab?!" Lenis Gesicht hellt sich auf.
Doch Paula hat schon gesehen, dass Ami in ihrer Gruppe eine neue Nachricht gepostet hat, und hält Leni ihr Handy vor die Nase:

OMG!!! Mein Paps kommt heute nicht. So ein Mist, sorry!!!!!!

Paula beginnt zu tippen:

Wieso nicht? Was ist denn los???

Ungeduldig warten sie auf Amis Antwort.

Keine Ahnung. Er musste wohl spontan nach Berlin. Es tut mir so leid, jetzt war alles umsonst.

Und dann schickt sie ganz viele traurige Emojis hinterher.

Ich hab's gerade erst von meiner Mum gehört.

„Und jetzt?“, fragt Leni und schaut Paula mit großen Augen an.

*Keine Ahnung!*

Paula schreibt zurück:

Was sollen wir jetzt tun? Ich kann ja schlecht hinterherfahren. ☹

Eine Sekunde später meldet sich Ami wieder.

DAS ist es! Habt ihr Lust auf einen Kurztrip an die Ostsee?????

# Leni

„Ich sterbe!“, sagt Leni, als sie vor dem *Coffee to stay* stehen.

„Nein, das wirst du nicht!“, entgegnet Paula, die so lieb war, sie bis hierhin zu begleiten. Oder besser gesagt, die so schlau war, sie bis hier zu begleiten. Denn andernfalls wäre Leni garantiert zu feige gewesen, sich wirklich mit Nick zu treffen, jetzt wo sie aussieht wie eine Vogelscheuche! Da hat sie vor lauter Aufregung so viel abgenommen, dass sie kaum noch ihren Bauch einzuziehen braucht. Und gelernt, wie sie sich am besten dezent, aber durchaus hübsch schminken kann. Sie hat tadellose Fingernägel, auf die sie sogar richtig stolz ist inzwischen. Und sie hat einen echt süßen Look mit dem roten Kleid und der Jeansjacke mit angesagten Patches. Aber was sie auf dem Kopf hat, lässt alles andere vollkommen nebensächlich erscheinen. Albtraumhaar statt Traumfrisur!

*Ich geh da nicht rein!*

„Du gehst da jetzt rein!“, mahnt Paula mit einem Blick, der keine Widerworte duldet.
Allerdings wollen sich Lenis Beine keinen Zentimeter bewegen.
„Du musst dir vor solchen Situationen einfach nur ausmalen, was das Schlimmste ist, das passieren kann. Dann ist die Realität gar nicht mehr so bedrohlich.“
„Dass er mich nach meinen Haaren fragt. Oder warum ich nicht das Käppi abnehme. Oder dass er mir sagt, was für ein toller Kumpel ich doch bin. Oder dass ich kein Wort rausbringe. Oder dass er nach zehn Minuten wieder abhaut. Oder dass er mich nicht richtig ansieht. Oder dass er mich richtig ansieht und merkt, wie rot ich unter meinem Puder bin. Oder dass er zum Abschied bloß ‚Mach's gut!‘ sagt.“
Paula lächelt Leni warm an. Dann drückt sie sie ganz fest und sagt: „So, besser, du gehst jetzt rein, damit du schon lässig am Platz sitzt, wenn er kommt. Ich wünsche dir ganz viel Glück. Und Ami und ich wollen sofort alles wissen, okay?“
„Okay!“, hört Leni sich sagen, obwohl ihre Knie weich sind und ihr Magen flau.
Sie schaut Paula noch einmal tief in die Augen, schluckt und tritt schließlich durch die Tür. Dann dreht sie sich noch

einmal um und winkt ihrer Freundin zu, bevor sie von Susi begrüßt wird: „Hi, Süße! Du siehst heute aber besonders toll aus!“

„Echt jetzt?“, fragt Leni unsicher.

„Echt jetzt!“, bestätigt Susi. Und dann tritt sie etwas näher an Leni heran und fragt mit gedämpfter Stimme: „Wie läuft es mit Nick?“

Schon allein der Name verursacht bei Leni Herzrasen und Schweißausbrüche. Zum Glück ist es heute nicht auch noch heiß draußen. Dann wäre Leni schon längst in Ohnmacht gefallen.

„Nicht so laut! Er kommt gleich!“ Im Flüsterton erzählt sie Susi, dass sie mit ihm verabredet ist, um ihm den Schulstoff zu erklären.

„Ich drück die Daumen. Das wird bestimmt gut!“, sagt Susi freudestrahlend und zwinkert Leni zu, ehe sie wieder hinter ihrem Tresen verschwindet.

„Hi!“, hört Leni plötzlich eine Stimme hinter sich und erschreckt so fürchterlich, dass sie tatsächlich keinen einzigen Ton rausbekommt und bloß gequält lächeln kann.

„Wollen wir uns da in die Ecke setzen?“, fragt Nick und grinst verlegen, sodass sein süßes Grübchen auf seiner linken Wange sichtbar wird. Seine Augen leuchten genauso

grün wie sein cooles Shirt, das er lässig über seinen Skaterjeans trägt.
Leni nickt und merkt, wie sie rot wird.
Als sie Nick zu dem gemütlichen Eckplatz folgt, wirft sie Susi einen unsicheren Blick zu. Die hält unauffällig den Daumen hoch und ruft: „Ich bin gleich bei euch!"
Nick schaut kurz in die Karte und sagt zum Entsetzen von Leni im selben Moment: „Ich nehme 'ne Cola. Und du?"
*Ich kann mich nicht entscheiden ...*
Nervös starrt Leni in die Karte, die sie eigentlich auswendig kennt, und spürt, dass Nick sie dabei betrachtet. Nachdem er seine Cola bestellt hat, fragt Susi sie dankenswerterweise: „Und du? Das Gleiche wie immer?"
Erleichtert nickt sie.
„Bist du öfter in diesem Laden?", will Nick wissen und starrt ihr in die Augen.
*Mir wird schlecht!*
„Schon, meistens mit meiner Freundin Flo", hört Leni sich zu ihrer Überraschung antworten, „aber die ist gerade im Urlaub."
Nick fragt weiter: „Fährst du auch noch weg?"
*Wieso will er das wissen?*
Sie zuckt mit den Schultern, weil sie nicht weiß, was sie

sagen soll. Klingt es nicht uncool, wenn sie zugibt, dass sie absolut nichts Spannendes vorhat in den Ferien?

„Vielleicht. Und du?“

Begeistert berichtet Nick von dem Contest. Und dass seine Eltern ihn da nur hingelassen haben, weil er ihnen versprochen hat, sich danach gründlich auf das neue Schuljahr vorzubereiten.

*Er ist nur deswegen hier ...*

„Ich finde es echt nett, dass du mir hilfst“, sagt er mit einem fast schüchternen Lächeln.

Wieder hat Leni keine Ahnung, was sie darauf antworten soll. Darum ist sie heilfroh, als Susi die Cola und den Chai Latte bringt.

„Wollt ihr auch was zu essen bestellen?“, fragt sie.

*Bitte nicht!*

„Willst du? Du bist natürlich eingeladen!“, sagt Nick und sieht sie auffordernd an.

Allein schon der Gedanke an Essen löst bei ihr Brechreiz aus. Und das, obwohl sie seit Tagen kaum einen Bissen herunterbekommen hat.

„Nee, lass mal, danke! Ich hab nicht so lange Zeit“, entgegnet Leni und beißt sich auf die Zunge.

*War das jetzt unhöflich?*

Eigentlich will sie ja nichts lieber, als hier mit ihm zu sitzen und ihm in seine wunderschönen grünen Augen zu schauen.
Doch die Vorstellung, vor Nick essen zu müssen, ist genauso absurd, wie gemeinsam mit ihm Damenbinden zu kaufen oder einen Bikini auszusuchen.
*Nie im Leben!*
„Ach so“, er lächelt schief, „na, dann sollten wir besser gleich loslegen.“
Leni holt ihre Liste hervor, die sie tagelang akribisch in Schönschrift für Nick zusammengestellt hat. Als sie den Zettel zu ihm rüberschieben will, berühren sich versehentlich ihre Hände.
Wie ein Blitz durchfährt es Leni bei diesem überraschenden Körperkontakt.
*Bitte, lieber Gott, mach, dass ich nicht kotzen muss!!!*
Bemüht konzentriert geht Leni all die Punkte auf der Liste durch: die Erörterungen in Deutsch, die Lektüre im Englischunterricht, die Themen in Bio, Erdkunde, Chemie und Physik und sogar von Mathe kann sie einigermaßen flüssig berichten, weil sie zuletzt Geometrie hatten, was ihr ausnahmsweise mal Spaß gemacht hat. Und am Ende, nach etwa zwanzig Minuten Fachfragen und Antworten, erzählt

sie noch von ihrem Lieblingsbuch *Der kleine Prinz*, das sie in Französisch gelesen haben.

„‚Man sieht nur mit dem Herzen gut. Das Wesentliche ist für die Augen unsichtbar'", sagt Nick und lächelt.

Leni lächelt zurück. Ihre Blicke treffen sich.

*Es ist magisch!*

Doch dann überkommt Leni eine Welle der Übelkeit. Sie springt auf und ruft schon halb im Weggehen: „Ich geh mal eben ..."

Fast im Laufschritt stürmt Leni in Richtung Toilette, wo sie es gerade noch schafft, Klodeckel und Brille hochzuklappen, bevor sie sich übergeben muss.

*Oh nein!!! Ich hab nicht mal Kaugummi dabei ...*

Minutenlang spült sie sich den Mund mit Wasser aus. Dabei kann sie den Blick in den Spiegel kaum ertragen. Nie und nimmer würden sie und Nick zusammenpassen. Er plaudert ganz lässig mit ihr, während sie kaum einen Ton rauskriegt. Er sieht einfach immer perfekt aus, egal was er macht oder anhat. Er will was mit ihr essen und sie muss sich prompt übergeben.

Leni wischt sich den Mund ab. Trotz all der Schminke ist sie leichenblass. Wenn sie gleich an den Tisch zurückkehrt, muss sie unbedingt Abstand zu Nick halten, damit er nichts

von ihrem Malheur mitbekommt. Und dann wird sie sich ganz schnell verabschieden und nach Hause fahren.
Die beiden hässlichen Strähnen, die inzwischen unter ihrem Käppi vorgucken, erinnern sie daran, dass ihr heute noch das Outing bei ihren Eltern bevorsteht. Gestern Abend ist sie gleich in ihr Zimmer verschwunden, aber heute fällt es ganz sicher auf, wenn Leni nicht mit ihnen Abendbrot isst und daheim nur mit Mütze rumrennt.
Sie atmet noch einmal tief durch und beschließt, die Sache hier so schnell wie möglich in Würde zu beenden. Todesmutig geht sie zurück an den Tisch, wo Nick auf seinem Handy herumtippt.
Klar, statt auf sie zu warten, chattet er bestimmt mit einem seiner Models. Schließlich ist heute Freitag, sicher hat er noch ein tolles Date oder eine Party am Start, auf der er sich die Frauen aussuchen kann, denkt Leni voller Schmerz. Dieser Typ ist einfach so verdammt sweet – und leider unerreichbar für sie.
„Tja, also, ich glaub, wir haben's. Ich muss dann jetzt los", sagt Leni und beißt sich verlegen auf die Unterlippe.
Nick schaut auf und geht zurück auf die Menütaste seines Handys. Und wieder taucht dieses Mädchen im Hintergrund auf. Dabei ist eins klar: Die platinblonde Schön-

heit mit dem Schmollmund ist ganz bestimmt nicht seine Schwester!

„Okay“, er mustert sie ein bisschen abschätzig, „ich zahl dann mal. Danke, dass du mir geholfen hast!“

„Kein Ding“, entgegnet Leni und merkt, wie sie schon wieder rot wird.

„Kann ich mich noch mal melden, wenn ich damit nicht weiterkomme?“, fragt er noch und zeigt auf die Liste.

„Sicher“, hört Leni sich antworten.

Für einen klitzekleinen Moment freut sie sich über diese Frage. Doch als er sich schließlich verabschiedet, ist die Sache klar: „Du bist echt in Ordnung. Mach’s gut!“

*Er steht nicht auf mich!*

# Amelie

sie haben ja gesagt!!

Amelie lächelt erleichtert und freut sich riesig über die Nachricht von Leni. Zum Glück hatte ihre Mutter nichts dagegen, dass sie für ein paar Tage eine Freundin mit nach Boltenhagen nimmt. Und Leni war nach dem verpatzten Date so verzweifelt, dass sie ihre Eltern gleich beim Abendbrot gefragt hat, ob sie morgen mit an die Ostsee fahren darf.
Sofort schreibt Amelie zurück:

Das ist so cool! Wir können am Strand chillen, lecker essen und in Wismar shoppen gehen, Bootsausflüge machen, Fahrradtouren, lesen, in der Ostsee baden, Muscheln sammeln ... Alles, was du magst. Ich freu mich riesig und packe jetzt schnell. Kiss A.

Vor allem aber werden Amelies Eltern nun keine Gelegenheit haben, mit ihr allein zu reden. Auch wenn sie das ganz sicher anders geplant haben und ihr Paps bestimmt extra deswegen nach Boltenhagen fährt. Sie werden das böse Wort mit S nicht aussprechen können, solange Leni mit im Haus ist. So gewinnt Amelie Zeit und kann weiterhin hoffen, dass Paula es doch noch schafft, ihren Vater abzufangen. Am besten, wenn er abends am Strand joggen geht, so wie er es immer tut, wenn sie in ihrem Ferienhaus sind.

*Ein Glück, dass Leni da ist!*

Und wenn ihre Eltern sich wieder streiten oder trotzdem ihre Trennung ankündigen, ist Amelie wenigstens nicht allein. Dann kann sie sich bei Leni ausheulen oder ...

*Das ist es!*

Sollten ihre Eltern tatsächlich mit der Sprache rausrücken, wird Amelie augenblicklich Plan B aktivieren und abhauen. Und zwar zu Paula ins Hotel, wo sie ihr ein Zimmer gebucht hat. Das wird ihren Eltern einen Wahnsinnsschrecken einjagen, sodass sie hoffentlich wieder zur Vernunft kommen und sich darauf besinnen werden, was wirklich zählt im Leben.

*Nämlich Liebe und Freundschaft!*

Amelie kann es immer noch nicht fassen, dass schon einer

ihrer Wunder-Wünsche in Erfüllung gegangen ist. Sie hat gleich zwei neue Freundinnen gewonnen, und das in kürzester Zeit, obwohl sie selbst am wenigsten daran geglaubt hat. Wie zum Beweis schaut Amelie sich noch einmal die Nachricht an, die am Morgen von der Wunsch-Wunder-App kam:

... Schon heute kannst du spüren, wie nah du deinem Wunschtraum gekommen bist. Mach dir bewusst, welche Schritte du auf deinem Weg dorthin bereits geschafft hast, und sei dankbar dafür.
Dein Wunsch-Wunder-Team

Amelie schließt ihre Augen und lässt die letzten aufregenden Tage noch einmal in Gedanken Revue passieren. Sie erinnert sich an den Nachmittag mit Tante Nanni, als sie traurig war, keine wirklichen Freunde zu haben.
Wie viele Nachrichten sie seitdem mit Leni und Paula ausgetauscht hat! Sie erinnert sich an das erste Treffen mit Leni, die zu ihrer Überraschung überhaupt nicht dick war, sondern das bloß von sich dachte. Und an das große Umstyling, den gescheiterten Friseurbesuch und vor allem aber daran, wie viel Spaß sie trotz all ihrer Nöte doch hatten.

Plötzlich durchströmt Amelie ein Glücksgefühl, wie sie es schon lange nicht mehr gespürt hat. Lächelnd geht sie in ihr Ankleidezimmer und stellt gleich zwei ihrer drei pinkfarbenen Trolleys bereit: einen für sich und einen für ihre Freundin.

# Paula

Es ist wirklich alles okay, Mama!“, sagt Paula ins Telefon und schüttelt den Kopf.

Einerseits findet sie es extrem nervig, dass sie von ihren Eltern noch immer wie eine Zehnjährige behandelt wird, die ans Zähneputzen und rechtzeitige Zubettgehen erinnert werden muss. Andererseits rührt es Paula ein bisschen, dass sie zu Hause offenbar vermisst wird und sich alle Sorgen machen.

„Bekommst du denn auch genug zu essen?“, fragt ihre Mutter weiter, während Paula hofft, dass man ihr Grinsen nicht hören kann.

„Ich hab alles, was ich brauche!“, versucht sie ihre Mutter zu beruhigen und sieht sich ein bisschen stolz in ihrem schönen Hotelzimmer um, „sogar mehr als das!“

„Und wann fährst du zurück?“

*Keine Ahnung!*

„So in zwei, drei Tagen? Jedenfalls rechtzeitig zum Zeitungsaustragen. Ich hab noch Amis Freundin Leni kennengelernt. Wir verstehen uns echt gut“, lenkt Paula ab, denn sie will sich nicht verplappern. Wenn ihre Eltern wüssten, dass sie inzwischen weiter zur Ostsee in Mecklenburg-Vorpommern gereist ist, wären sie sicher nicht begeistert. Das würde nur jede Menge Fragen aufwerfen, die Paula angesichts des neuen Geheimplans unter keinen Umständen beantworten kann.

„Gut, mein Schatz! Dann melde dich bitte morgen wieder, ja? Ich hab dich lieb!“, sagt ihre Mutter und beendet das Gespräch.

Ungläubig starrt Paula aufs Display und murmelt leise: „Ich dich auch!“

*Wie lange haben wir uns das nicht mehr gesagt?*

Paula ist glücklich. Sie fühlt sich geliebt und trotzdem so frei wie noch nie. Ihr Bett ist riesig, genauso wie der Ausblick aus dem Fenster auf das glitzernde Meer. Auf dem Tisch in der Sitzecke stehen eine große Schale mit frischem Obst und eine Flasche San Pellegrino. Zum Abendessen gibt es ein Drei-Gänge-Menü, das Ami gleich mitgebucht hat. Und auch das Wetter mit leuchtend blauem Himmel, strahlendem Sonnenschein und leichtem Seewind könnte nicht besser sein!

Wenn Lissy und Svenja sie jetzt hier in diesem Luxusresort sehen könnten, würden sie es bestimmt nicht glauben oder für ein Fake Pic halten. Zu gern würde Paula jetzt ein Selfie auf Insta posten – vom Balkon aus, um die hübschen Segelboote und die Bucht im Hintergrund zu zeigen.

Doch sie hat schließlich eine Rolle zu spielen. Schon allein der Gedanke macht sie ganz kribbelig. Ab 17 Uhr soll sie sich in Strandnähe bereithalten und auf das Startsignal von Ami warten. Dann wird sie schnurstracks zum Wasser gehen und dort Amis Vater abpassen. Wie beim ersten Versuch soll Leni sich im Hintergrund halten und die Begegnung fotografieren.

Paula legt ihr Outfit aufs Bett, das sie für ihren alles entscheidenden Einsatz gewählt hat: ihren blau-weiß gestreiften Bikini und ein weißes Tuch, das sie sich lässig und knapp um ihre Hüften binden wird. Dank ihrer Sonnenbrille wird sie hoffentlich erst recht älter geschätzt. Ihr Plan ist, sich Amis Vater einfach in den Weg zu stellen und ihm ein überraschtes „Hallo!“ zuzurufen. Zur Begrüßung wird sie ihm einfach einen Kuss auf die Wange drücken, der ein paar Sekunden zu lange dauert, so als seien sie beide frisch verliebt. Und wenn er, wie erwartet, irritiert reagiert, wird sie sich entschuldigen und einfach so tun, als hätte sie ihn für jemand anderes gehalten.

Das ist zwar keine hohe Schauspielkunst, aber immerhin eine gute Übung. Sie wird sich einfach vorstellen, das Ganze sei eine wichtige Schlüsselszene in einem Kinofilm oder wenigstens in einer Daily Soap.

*Hoffentlich verbocke ich es nicht!*

Schließlich zahlt Ami ein halbes Vermögen für die Zugtickets, die Hotels, die Verpflegung und Taxifahrten zum Bahnhof. Sie will sie unter keinen Umständen enttäuschen und einfach alles dafür geben, dass sich Amis Herzenswunsch auch erfüllt. Etwas, um das Paula sich nie Sorgen zu machen braucht, weil sie eigentlich eine ziemlich tolle, heile Familie hat, wie ihr genau in dem Augenblick bewusst wird.

Plötzlich ertönt Paulas Handy und ihr Herz beginnt zu rasen. Vielleicht ist das schon Ami?, wundert sie sich und ist extrem erleichtert, als sie bloß eine neue Nachricht vom Wunsch-Wunder-Team erhalten hat:

Liebe Paula2000!

Heute ist Tag 41 von 48 Tagen bis zur Erfüllung deines Wunsches. Nie warst du der Erfüllung deines Traumes so nah wie heute. Zeig allen, was in dir steckt, und weihe deine Freunde in deine Erfolgserlebnisse ein. Nur so werden sie umso wahrer!

Dein Wunsch-Wunder-Team

Wenn das kein gutes Omen ist, denkt Paula schmunzelnd und legt ihr Handy beiseite, um sich voller Spannung und Vorfreude bereit zu machen.

# Leni

D*as war ja klar!*

Leni spürt einen fiesen Stich in ihrem Herzen, als sie die Bilder der Skaterclique sieht, die Nick auf Insta gepostet hat. Gleich drei superhübsche Mädchen waren bei der Party am Elbstrand mit dabei. Natürlich alle mit Megamähne und Bikinifigur. Leider kann sie nicht erkennen, ob eine davon die von Nicks Handy-Hintergrund ist.

„Hier, guck mal“, sagt Leni deprimiert und reicht ihr Smartphone an Ami weiter, die neben ihr im Auto sitzt.

„Aber das heißt doch gar nichts!“, versucht Ami sie zu trösten.

„Doch, das heißt, ich habe recht. Er ist ungefähr so interessiert an mir wie Heidi Klum an Plus-Size-Models!“, entgegnet Leni wütend, aber leise, damit Amis Mutter sie vorn am Steuer nicht hört. Dabei richtet sich ihre Wut gar nicht gegen Nick oder seine ach so tollen vielen Freunde. Sie richtet sich gegen sie selbst.

*Ich habe es total vermasselt!*

Frustriert wendet Leni den Blick ab und schaut aus dem Fenster. Nach anderthalb Stunden Fahrt kann sie hinter den sanften Hügeln schon das Meer erahnen.

Sie muss an Flo und die Liste denken und daran, dass sie mit ihrer beknackten Frisur und ihrer unsicheren Art eher das Gegenteil von dem erreicht hat, was sie sich für die Ferien vorgenommen hatte. Kurz hatte Leni überlegt, ob sie Nick noch eine Nachricht hinterherschicken soll, so in die Richtung: *Danke für die Einladung! Melde dich, wenn ich dir noch was helfen kann.*

Allerdings hat Ami ihr am Telefon davon abgeraten, und das war auch gut so, denkt Leni und hat immer nur Nicks leuchtend grüne Augen im Kopf. Ihn so nah und so echt zu erleben, hat alles nur noch schlimmer gemacht!

*Zum Glück hatte Ami die Idee mit dem spontanen Urlaub.*

So konnte Leni sich wenigstens die Standpauke ihrer Eltern ersparen. Schon beim Packen gestern Abend hat sie sich einfach ihre Haare zu einem Dutt zusammengebunden und ihren Strandhut aufgesetzt. Zur Einstimmung auf den unverhofften Ostseeurlaub, wie sie glaubhaft versichert hat. Schließlich ist es nicht nur megaheiß heute, sondern auch echt toll, dass Amis Eltern sie einladen und ihre Eltern zugestimmt haben! Trotzdem ist ihr eigentlich nur nach Heulen zumute. Die Vorstellung, Nick nach den Ferien jeden Tag begegnen zu müssen, ist einfach Horror!

„Als Erstes kümmern wir uns morgen um deine Haare, okay?", flüstert Ami ihr zu, als könnte sie Gedanken lesen.

*Wenn das so einfach wäre …*

Leni lächelt gequält. „Wie denn? Gibt es in dem Kaff überhaupt einen Friseur?"

Ami zuckt mit den Schultern. „In der nächsten Kleinstadt bestimmt!", sagt sie lächelnd.

„Aber morgen ist doch Sonntag. Haben die Friseure da nicht zu? Und außerdem hab ich keine Kohle mehr." Leni seufzt tief.

Sie kommt sich so doof, arm und hässlich vor.

„Das ist doch kein Ding. Ich helfe dir!", entgegnet Ami leise. Doch Leni guckt sie auf der Stelle böse an. Das hatten sie schon so oft in den letzten Tagen. Leni kann und will die Großzügigkeit ihrer Freundin nicht ausnutzen. Auch wenn Amis Familie megareich ist, will sie kein Geld von ihr annehmen. Außerdem hat Ami wirklich schon genug für sie getan! Vor allem ist Leni ihr sehr dankbar, dass sie nun eine Woche lang weit weg ist und damit hoffentlich ein bisschen abgelenkt von ihrem Liebeskummer.

„Schaut mal, wie die See glitzert!“, freut sich Amis Mutter, „gleich sind wir da!“
Daraufhin drücken sich Leni und Ami kurz an den Händen und tauschen einen tapferen Blick.

# Amelie

Das ist doch scheißegal!“, faucht Angela Amelies Paps an.

„Ich hab mir das aber anders vorgestellt!“, entgegnet ihr Paps. Zwar dämpft er seine Stimme, aber Amelie hat es trotzdem gehört und will schon auf dem Absatz kehrtmachen. Doch es ist zu spät.

„Hey, Schatz! Braucht ihr noch irgendwas?“, fragt Amelies Vater, als er sie entdeckt, und wechselt auf Lächelmodus, so als sei alles in bester Ordnung.

Amelie dreht sich der Magen um.

*Sie streiten sogar im Urlaub!*

„Nee, ach ich wollte uns nur was zu trinken holen“, erklärt Amelie und geht zum Kühlschrank.

„Da ist noch nichts drin!“, entgegnet ihre Mum beinahe schnippisch, wie so oft in letzter Zeit. In einem Moment ist sie supergut gelaunt, im nächsten zickt sie ihren Mann oder sogar ihre Tochter an.

Wenn Amelie nicht so eine Panik hätte, dass sie es jetzt endlich aussprechen, hätte sie einfach gefragt, was los ist. Die Stimmung in der kleinen Ferienhausküche ist extrem angespannt.

„Gehst du heute noch joggen, Paps?“ Amelie beißt sich auf die Lippe.

*Hoffentlich merkt merkt niemand, wie nervös ich bin.*

Statt ihr eine Antwort zu geben, wendet ihr Paps sich ihrer Mum zu. Sie sehen sich abschätzig an und nach einer Pause sagt er: „Ich muss doch Montag früh schon wieder weg. Also nein, ich gehe nicht mehr laufen.“

*Oh, mein Gott!!!!!*

Amelie zittert am ganzen Körper.

Zum Glück fragt er nicht, warum sie das wissen will. Und dann spricht ihre Mutter das aus, was Amelie am allerwenigsten auf dieser Welt hören wollte und dem sie wochenlang ausgewichen ist: „Du, Liebes! Sobald du Leni alles gezeigt hast, würden wir gerne mal mit dir allein reden. Vielleicht kann sie sich in der Zeit ja mal den Strand anschauen oder so?“

Plötzlich werden Amelies Knie weich. Sie spürt einen dicken, fetten Kloß in ihrem Hals. Ihr Herz pocht so heftig vor Angst wie noch nie zuvor in ihrem Leben.

„Klar, kein Problem“, hört Amelie sich sagen und tritt wie in Trance rückwärts in den Flur. Am liebsten würde sie einfach nur davonlaufen.

# Paula

Entschuldigen Sie, dass ich Sie so direkt anspreche!" Paula fährt ein Riesenschreck durch die Glieder. Sie sitzt an einer Strandbar und wartet gefühlt seit einer Ewigkeit auf Amis Startschuss. Und dann steht plötzlich diese unbekannte Frau hinter ihr. Eine dicke, ältere Dame mit einem sympathischen Lächeln.

„Ja?", fragt Paula und wundert sich, was sie von ihr will.

Die Dame nimmt ihre Sonnenbrille ab. „Mein Name ist Sabine Hellinger!", stellt sie sich vor und reicht ihr die Hand.

„Paula Anders!"

„Ich hab Sie ein bisschen beobachtet. Darf ich fragen, ob Sie etwas geprobt haben? Es sah ein bisschen danach aus." Interessiert schaut Frau Hellinger sie an.

Paula sinkt das Herz in die Hose. Plötzlich hat sie ein schlechtes Gewissen wegen ihres geheimen Plans, der vielleicht doch nicht die beste Idee war. Trotz ihres freundli-

chen Lächelns und des bunt gemusterten Badeanzugs mit dem schwarzen durchsichtigen Strandkleid darüber wirkt die Dame ein bisschen streng.
„Schon. Aber ...", Paula sucht nach einer Erklärung, „das war nur just for fun!"
Sie konnte ja nicht ahnen, dass jemand zuguckt, während sie leise und mit verschiedenen Gesten und Gesichtsausdrücken wieder und wieder ihren Einsatz geübt hat. Dass sie jedoch schon vorher auffliegt, darauf war sie nicht vorbereitet.
„Ich komme aus Berlin und mache hier Urlaub. Eigentlich bemühe ich mich, Job und Freizeit zu trennen. Meine kurzen Auszeiten sind mir wirklich heilig, aber es gibt Situationen, also ..."
Paula versteht nicht, worauf die Frau hinauswill. Am liebsten würde sie schnell zahlen und verschwinden, bevor es noch heikler wird. Womöglich kennt die Dame Amis Familie und durchkreuzt ihre Pläne.
„... manchmal muss man einfach Ausnahmen machen. Wie alt sind Sie?", fragt sie weiter und mustert Paula von oben bis unten.
*Jetzt bin ich geliefert!*
„Fast siebzehn", sagt Paula bemüht selbstbewusst. In Wahr-

heit fühlt sie sich gerade wie ein kleines Kind, das etwas angestellt hat und auf frischer Tat ertappt wurde.
„Du bist also noch in der Schule?“
Paula entgeht nicht, dass Frau Hellinger sie jetzt duzt. Zeit, sich zu verabschieden.
„Ich muss dann!“, entgegnet Paula und winkt so souverän wie möglich der Bedienung zu, um ihre Eisschokolade zu bezahlen.
„Hast du schon mal darüber nachgedacht, Schauspielerin zu werden?“, fragt die Frau, als sie sich ihr in den Weg stellt.
Obwohl sie die Frage gehört hat, kommt sie nicht in ihrem Hirn an. Paula muss alles andere als intelligent aussehen, als sie die Dame mit weit aufgerissenen Augen anstarrt.
Frau Hellinger holt ein flaches silbernes Kästchen aus ihrer prall gefüllten Strandtasche hervor, fischt ein Kärtchen raus und übergibt es Paula mit den Worten: „Ich bin Inhaberin einer erfolgreichen Agentur für Schauspieler und andere Filmschaffende. Melde dich, wenn du Interesse hast! Ich würde dich gerne zum Casting einladen und in meine Kartei aufnehmen.“
Paula kann es nicht glauben.
*Will mich hier jemand verarschen?*

Sie blickt auf die Karte in ihrer Hand und liest den Text darauf bestimmt drei Mal, um es wirklich zu begreifen:

**AGENTUR HELLINGER**

*FILM – FERNSEHEN – THEATER*

**Sabine Hellinger**

*Geschäftsführerin*

„Ist das Ihr Ernst?“, fragt Paula und kann ein freudiges Grinsen kaum unterdrücken.

„Sehe ich so aus, als würde ich Scherze machen?“, fragt Frau Hellinger und lacht laut. „Es passiert nicht oft, dass mir jemand wie du direkt ins Auge springt. Du hast Ausstrahlung, ein interessantes Gesicht und vielleicht ja auch Talent.“

„Ich spiele, seit ich klein bin. Zwar hab ich immer nur im Schultheater auf der Bühne gestanden, aber da spiele ich jetzt sogar die Hauptrolle“, erzählt Paula aufgeregt, ohne zu wissen, was sie da überhaupt plappert.

*Das ist wie ein irrer Traum!*

Frau Hellinger strahlt sie an. Sie ermuntert Paula nochmals, sie zu kontaktieren, oder besser noch, gleich ein Probetake einzureichen. Sie sei guter Dinge, dass Paula ihren

Weg machen werde. Und dann verschwindet sie genauso schnell, wie sie aufgetaucht ist, sodass Paula ihr noch eine Zeit lang ungläubig hinterhersieht.

In dem Moment erkennt sie ein vertrautes Gesicht.

Leni kommt auf sie zugestürmt.

*Oh, mein Gott, es geht los!*

„Wieso habt ihr euch nicht gemeldet?“, ruft ihr Paula entgegen.

Beschwichtigend hebt Leni die Hände. „Es klappt wieder nicht!“, sagt sie und umarmt Paula zur Begrüßung.

„Was? Wieso nicht?“ Paula ist gleichzeitig erleichtert und enttäuscht.

Und dann berichtet Leni, dass sie von Amis Eltern weggeschickt worden sei, damit sie mal in Ruhe allein mit ihrer Tochter reden können. Sogar auf die obligatorische Joggingrunde am Strand hätte Amis Vater verzichtet, was er sonst wohl nie tun würde. Damit sei der Fall für sie total klar gewesen.

„Jetzt ist es definitiv zu spät für unsere Rettungsversuche“, meint Leni traurig. „Ami tut mir echt leid. Sie war total fertig. Wir müssen sie unbedingt trösten nachher!“

Paula sinkt auf eine Bank und muss diese bitteren Neuigkeiten erst einmal sacken lassen. Gerade noch hat sie sich riesig über ihre unglaubliche Entdeckung durch die Agentin gefreut. Doch nun erscheint Paula ihr Wunsch, Schauspielerin zu werden, auf einmal erschreckend banal.

# Leni

Liebe Pummeline!

Heute ist Tag 21 von 44 Tagen bis zur Erfüllung deines Wunsches: Halbzeit! Herzlichen Glückwunsch zur halb geschafften Wegstrecke zu deiner Wunscherfüllung! Heute ist ein Tag zum Feiern und der Vorfreude. Schnapp dir deine Freunde oder andere Vertraute und sei stolz auf das, was du erreicht hast. Viel Spaß!

Dein Wunsch-Wunder-Team

„Ha, ha", meint Leni genervt, als sie die Nachricht liest und Paula rüberschiebt, „allmählich geht mir der Scheiß auf die Nerven. Ich melde mich jetzt ab!"

„Nein, tu's nicht!", erwidert Paula entschieden.

Leni kräuselt argwöhnisch ihre Stirn und nimmt ihren Hut ab, um sich damit Luft zuzufächeln. Ihr schwitziges künstliches Haar fühlt sich an wie ein platt gesessenes, durchweichtes Vogelnest. Auch ihre Nägel sind inzwischen wieder die reinste Katastrophe, weil Leni sie an einigen Stellen aus lauter Gewohnheit versehentlich angeknabbert hat. Und mit ihrem sicher schon drei Jahre alten knallbunt gemusterten Badeanzug und dem Schlabberstrandshirt ist ihr Look so ziemlich das Gegenteil von Paulas perfektem Outfit. Die Sonne, der Himmel, das Wasser, die Seeluft, das Meeresrauschen, die Ferien – alles könnte so schön sein, wäre sie es auch.

*Ich könnte heulen ...*

„Mal ehrlich, es könnte nicht schlechter stehen. Ich sehe aus wie eine Vogelscheuche. Kein Wunder, dass ich Nick vergrault hab. Und Ami? Die Arme ist jetzt ganz allein und weint sich bestimmt die Augen aus, weil ihre Welt untergegangen ist. Du solltest lieber in Deckung gehen – vielleicht liegt es an mir. Vielleicht reiß ich euch alle mit ins Verderben wie bei einer bösen Kettenreaktion oder so."

Paula grinst.

Und Leni kann nicht verstehen, wieso. „Aber es stimmt doch! Man kann sein Glück nun mal nicht erzwingen. Gras wächst nicht schneller, wenn man dran zieht, sagt meine Lehrerin immer", setzt Leni trotzig nach. Sie ist wirklich am Ende und scrollt für Paula wie zum Beweis zu den

Fotos auf Insta, die zeigen, wie wenig sie in Nicks Welt passt.

„Eben“, sagt Paula, „vielleicht brauchst du einfach nur ein bisschen Geduld. So was geht eben nicht auf Knopfdruck oder besser gesagt bloß mit einem Post.“

Eigentlich mag Leni Paula genauso gern wie Ami. Aber jetzt gerade findet sie sie irgendwie doof.

„Aber wir haben uns doch echt voll angestrengt und nichts klappt so richtig!“

Paula beißt sich auf die Unterlippe.

*Na toll, Paula denkt auch, dass ich ein Loser bin.*

„Ich trau mich kaum, das zu sagen. Aber bei mir scheint es zu klappen. Ich hab gerade etwas Unglaubliches erlebt!“

Und dann berichtet Paula von einer Frau, die sie angesprochen hat und die eine Agentur für Schauspieler betreibt.

Leni starrt Paula mit großen Augen an. „Das heißt, du wurdest hier, mitten auf der Straße, entdeckt?“

„Genau genommen in der Strandbar dort drüben“, sagt Paula und reicht Leni die Visitenkarte.

„Das ist ja krass!“

„Ich glaube es ja selbst kaum. Aber damit bin ich meinem Traum einen entscheidenden Schritt näher gekommen. Jetzt müssen nur noch meine Eltern zustimmen.“

Leni ist sprachlos.

*Kann es sein, dass die Wunsch-Wunder-App doch funktioniert?*

# Amelie

Schatz, wir müssen dir etwas sagen!“, beginnt Amelies Mum das Gespräch.

Sie sitzen in der Essecke ihres gemütlichen Friesenhauses. Von ihrem Platz aus könnte Amelie sogar ein kleines Stück Meerblick genießen, würde sie sich nicht gerade in der schlimmsten Situation ihres Lebens befinden. Das Herz schlägt ihr bis zum Hals.

Früher, wenn Amelie Schimpfe bekam, was selten, aber dann umso schockierender war, hielt sie sich immer die Ohren zu. Am liebsten würde sie dies jetzt auch tun. Doch sie ist schon viel zu lange vor der Realität geflohen. Es wird Zeit, sich den Tatsachen zu stellen. Auch wenn danach nichts mehr so sein wird wie vorher.

„Um ehrlich zu sein, wissen wir nicht genau, wie du wohl reagierst. Deswegen wollten wir unbedingt beide mit dir sprechen und einen besonderen Zeitpunkt abpassen“, erklärt ihr Paps.

Traurig guckt Amelie von einem zum anderen. Sie sieht ihrer Mum in die warmherzigen, hübschen Augen und dann in die ihres geliebten Paps. Der Gedanke, dass ihre Eltern von nun an nicht mehr zusammengehören und sie keine richtige Familie mehr sind, bringt sie beinahe um. Ihre Lippen beben.

„Was uns das Allerwichtigste ist, mein Schatz ...“, Hilfe suchend blickt ihre Mutter zu ihrem Vater, bevor sie weiterspricht: „... ist, dass du eins weißt: Du bist das Beste, was uns im Leben passiert ist. Wir haben dich unendlich doll lieb und nichts auf der Welt wird daran etwas ändern, okay?“

Amelies Augen füllen sich mit Tränen. „Ihr müsst nichts sagen. Ich weiß es schon!“, presst sie schließlich hervor, weil sie die Anspannung nicht mehr aushält.

Nochmals wechseln ihre Eltern einen Blick, bevor ihre Mutter verwundert fragt: „Wie, du weißt es schon? Woher denn?“

„Ich hab euch gehört. Vor ein paar Wochen, als ihr drüber geredet oder besser gesagt gestritten habt!“

„Ja, deine Mutter hat es mir in letzter Zeit nicht immer leicht gemacht!“, meint ihr Vater lachend.

*Typisch! Immer wenn es unangenehm wird, überspielt er die*

*Situation mit einem echt unangebrachten Lachen oder doofen Spruch.*

„Wir wollten es dir erst sagen, wenn es auch wirklich sicher ist!“, versucht ihre Mutter nun offenbar ihr Gewissen zu erleichtern.

*Schon klar!*

„Es ist also sicher?“ Amelie merkt selbst, dass ihr Ton scharf klingt. Sie wird so von ihren Gefühlen erdrückt, dass sie zwischen Wut, Trauer und Angst nicht mehr unterscheiden kann. Nun kann sie die Tränen nicht mehr stoppen. Sie will schon aufspringen, doch ihr Vater hält sie zurück.

„Ami, bitte! Das ist doch kein Grund zu weinen!“

„Ach nein?!“, faucht sie zurück.

*Nun darf ich nicht mal mehr traurig sein?!*

„Wir hatten sogar gehofft, du freust dich ...“, sagt ihre Mutter etwas kleinlaut und rückt ein Stück näher an sie heran, um ihr übers Haar zu streicheln.

„Wieso soll ich mich freuen, wenn meine Familie zerstört wird?!“, schreit Ami und fängt jämmerlich an zu heulen.

„Ach Liebes, jetzt übertreibst du aber!“, erklärt Angela und nimmt sie in die Arme. „Klar, es wird sich einiges ändern. Aber wir sind trotzdem immer für dich da.“

*Bla, bla, bla ...*

Bestimmt haben die beiden einen Ratgeber gelesen oder einen Psychologen befragt, mit welch beknackten Worten man seinem Kind eine Trennung als etwas Gutes verkaufen kann.
„Und wo wollen wir wohnen?“, fragt Amelie trotzig.
„Na, wenn unser Haus nicht groß genug ist, dann weiß ich auch nicht ...“, macht ihr Vater schon wieder einen dämlichen Spruch.
Irritiert schaut Amelie auf. „Es zieht keiner von euch beiden aus?!“
„Wieso denn das?“, entgegnet ihre Mum verständnislos, woraufhin ihr Vater meint: „Also, es wird sicher schon die eine oder andere Nacht geben, in der ich lieber ins Gästezimmer ziehe.“
„Ach!“, beschwert sich nun Amelies Mutter, „dann darf ich mich also ganz allein um unser Baby kümmern?!“
„Na ja, sonst werde ich auch aus dem Bett geworfen, weil ich schnarche. Und ich hab schließlich einen Job zu machen!“, erwidert ihr Vater.
Die beiden zicken sich schon wieder an. Amelie hört jedes Wort, aber kapiert rein gar nichts davon.
„Stopp! Was für ein Baby?“, ruft sie hysterisch und blickt wieder von einem zum anderen.

„Na, dein Geschwisterchen!“, sagen die beiden im Chor und wirken plötzlich wieder ganz harmonisch.
„Ihr wollt noch ein Kind, obwohl ihr euch scheiden lasst?!“ Angewidert schüttelt Amelie ihren Kopf. Sie kann es einfach nicht fassen.
„Wer redet denn hier von Scheidung?“, fragt ihre Mum entsetzt.
„Na ihr! Ich hab’s doch gehört, als ihr mal wieder im Wohnzimmer gestritten habt!“
„Aber doch nicht im Ernst!“
„Mama sagt in letzter Zeit öfter Dinge, die sie nicht so meint. Das sind die Hormone. Das ist ganz normal in der Schwangerschaft“, witzelt ihr Vater schon wieder und bekommt von ihrer Mutter einen leichten Klaps auf den Kopf.
Und dann ist plötzlich alles schwarz.
Amelie verliert das Bewusstsein.

# Paula

Das ist so eine krasse Geschichte, ich freu mich so für dich!“, sagt Paula lächelnd und drückt Ami ein zweites Mal.

Sie scheinen beide um die Wette zu strahlen.

„Ich weiß gar nicht, was toller wäre, eine kleine Schwester oder ein kleiner Bruder“, überlegt Ami und schüttelt immer wieder ungläubig den Kopf.

Paula muss an Louisa und Lukas denken und würde natürlich keinen von beiden jemals wieder hergeben wollen.

„Eigentlich ist beides gleich cool. Eine Schwester ist vielleicht ein bisschen nerviger, aber auch sehr süß, weil die immer so sein will wie du.“

„Ich werde mein Geschwisterchen niemals nervig finden. Das ist einfach die tollste Neuigkeit des Jahres, ach Quatsch, meines ganzen Lebens!“, ruft Ami lachend.

Sie sieht wirklich sehr glücklich aus.

„Und die überraschendste“, schaltet sich nun auch Leni ein.

Sie sitzen alle drei auf dem riesigen Bett der Hotelsuite, naschen Erdbeeren und reden ohne Punkt und Komma, weil so viel passiert ist an dem Wochenende.

„Was haben denn deine Eltern dazu gesagt, dass du dachtest, sie würden sich scheiden lassen?“, will Paula wissen.

Ami zuckt mit den Schultern. „Ich kann mich gar nicht mehr an alles erinnern. Ich weiß nur noch, dass Leni in dem Moment reinkam, als die Rettungssanitäter wieder gefahren sind.“

„Ja, und zwar total außer Atem, weil ich so schnell gerannt bin, wie ich konnte, als ich den Krankenwagen vor eurem Haus gesehen habe“, erklärt Leni. „Wenigstens dafür war mein albernes Training gut.“

Paula lacht laut auf. Doch als sie Leni in die Augen blickt, hält sie betroffen inne. Denn die sehen nicht nur sehr traurig aus, sondern füllen sich schon mit Tränen.

Verschämt wischt Leni sie weg.

„Nein, nicht doch!“, versucht Paula sie zu trösten und nimmt sie in den Arm.

„Alles wird gut, ganz bestimmt!“, sagt Ami und streichelt Leni die Schulter.

„Für euch ist jetzt alles gut!“, seufzt Leni deprimiert.
*Schön wär’s!*
„Im Moment schon. Aber ich hab absolut keinen Schimmer, was meine Eltern sagen werden“, gesteht Paula. Nur weil sie angesprochen wurde, heißt das noch lange nicht, dass sie eines Tages Schauspielerin sein wird. „Und ein brauchbares Demo habe ich auch noch nicht!“
„Eben, *noch* nicht!“, stellt Ami fest.
Und dann erklärt sie, was heute, an ihrem letzten gemeinsamen Ferientag, bevor Paula nach Hause muss, auf dem Programm steht. Nämlich, dass erst Leni an der Reihe ist mit einem Rundum-sorglos-Paket, das sowohl eine neue, natürliche Frisur als auch eine Maniküre und neue Outfits beinhaltet. „Und dann gehen wir an den Strand und machen heiße Pics, die wir sofort posten. Ich schwöre dir, die werden Nick um den Verstand bringen!“, verkündet Ami voller Tatendrang, „und dein Demo, Paula, machen wir am besten auch gleich dort.“
Paula und Leni wechseln einen ungläubigen Blick und grinsen sich schief an.
„Und wie soll das gehen mit meiner natürlichen Frisur?“, fragt Leni und fährt sich mit gequältem Gesichtsausdruck durch ihre malträtierten Haare. Paula ist noch immer

wütend, wenn sie an diesen miesen Friseur denkt! So einer wie dieser Enrico dürfte noch nicht mal einem Pudel die Locken scheren!

Ami kramt in ihrem schicken Beautycase, das sicher ein Vermögen gekostet hat. Sie holt eine Packung hervor und reicht sie Leni. „Die habe ich für dich besorgt, eine Intensivtönung."

Leni kräuselt ihre Stirn. „Creme Gloss Caramel? Aber das sieht ja aus wie meine Naturhaarfarbe!"

„Ja, genau", sagt Ami. „Die Farbe ist perfekt, weil sie dir am besten steht und super zu deinem Teint passt!"

„Und du meinst, das hält auf diesem Strohzeug?", fragt Leni und nimmt abschätzig mit Daumen und Zeigefinger eine Strähne.

„Keine Ahnung! Aber das Zeug kommt sowieso ab!", verkündet Ami selbstbewusst und holt ein Fläschchen und sogar noch eine Schere und einen Kamm aus ihrer Tasche hervor. „Das hab ich alles aus dem Internet. Damit befreien wir dich von diesen hässlichen Zotteln."

Leni macht große Augen.

Auch Paula ist skeptisch.

„Schlimmer kann es ja wohl nicht werden, oder, Mädels?" Ami erhebt sich vom Bett. „Bist du dabei, Leni?"

„Ist gebongt! Ich bin echt froh, wenn ich das Zeug wieder los bin!“ Sie folgt Ami ins Bad.
Paula ist nicht ganz wohl bei der Sache. Aber sie will Leni nicht verunsichern und hält deshalb ihren Mund. Sie hofft nur, dass Ami weiß, was sie tut – sonst ist das nächste große Drama schon in Sichtweite.
Gemeinsam platzieren sie Leni auf dem Klodeckel und hängen ihr ein großes Duschhandtuch als Umhang um.
Schritt für Schritt befolgt Ami die Anleitung, die Paula aus der Verpackung gefischt hat und vorliest. Nach der angegebenen Einwirkzeit scheint sich die Fixierung tatsächlich aufzulösen, sodass Ami Strähne für Strähne aus Lenis Haaren rausziehen kann.
„Das sieht aus, als würdest du das jeden Tag machen!“, sagt Paula, vor allem um Leni zu beruhigen, die noch immer ein ziemlich ängstliches Gesicht macht.
„Und warte erst, bis die Tönung fertig ist!“
Wie eine Salonchefin gibt Ami Paula Anweisungen, wie sie die Tönung vorbereiten soll.
*Wenn es unbedingt sein muss ...*
„Schon deswegen würde ich niemals als Model arbeiten wollen“, bemerkt Paula beiläufig, als sie sich durch Amis Beautycase wühlt.

„Aber das Zeug hättest du hundertpro", wirft Leni ein, „wenn du nicht so nett wärst, würde ich dich deswegen glatt hassen."
„Ich dich auch", ergänzt Ami und lacht.
„Also du brauchst dich ja wohl überhaupt nicht zu beschweren!", entgegnet Leni.
Zum Glück grinsen die beiden, sonst würde Paula sich echt Sorgen machen, dass sie es ernst meinen.
„Ihr wisst ja gar nicht, wie ätzend das ist, wenn alle dich immer nur auf dein Äußeres reduzieren", meint Paula. „Und wenn du nicht nur von Jungs, sondern auch von Mädels angestarrt wirst."
Wo sie auch langgeht, meistens kommt irgendein blöder Spruch oder Pfiff. Auch einige ihrer Lehrer geben ihr das Gefühl, sie sei nicht die Hellste bei ihrem Aussehen. Ganz zu schweigen von den Mitschülerinnen, die sie gern als eingebildet oder arrogant abstempeln, bloß weil sie etwas Glück hatte mit ihren Genen.
„Dein Ernst?", fragt Leni ungläubig.
„Ich glaube, deswegen will ich Schauspielerin sein. Um zu zeigen, dass mehr in mir steckt, und auch, um mal eine andere sein zu können." Und dann kommt Paula ins Schwärmen, wie schön es ist, auf der Bühne zu stehen.

„Zeig uns doch mal was!“, ruft Ami begeistert, während sie die Farbe in Lenis Haare einmassiert.
„Ja, bitte!“, sagt auch Leni.
„In Ordnung“, Paula nickt, „aber erst kümmern wir uns um Leni. Danach spiele ich euch was vor.“

# Leni

Leni kann gar nicht anders, als sich noch einmal im Spiegel zu bewundern. Schon das zweite Mal hat sie den anderen beiden am Strand vorgeflunkert, sie müsse mal aufs Klo. Der junge Kellner des Eiscafés hat ihr sogar zugezwinkert, statt sie zu ermahnen, dass die Nutzung der Toilette ausschließlich den Kunden vorbehalten ist.

*Vielleicht gefalle ich ihm sogar …*

Glücklich lächelt Leni ihr Spiegelbild an. Einerseits fühlt sie sich wieder wie sie selbst – obwohl Ami mit ein wenig Tages-Make-up nachgeholfen hat –, andererseits wie neugeboren. Eine andere Person, die irgendwie reifer, ja selbstbewusster zu sein scheint.

Eigentlich kann Nick mir total egal sein, denkt Leni, als sie sich nicht ohne Stolz wieder und wieder mit ihren dezent lackierten, aber zum Glück wieder kurzen Fingernägeln durch ihre schönen Haare fährt. Niemals hätte Leni gedacht, dass ihr ein Pagenschnitt mit fransigem Seitenscheitel steht! Doch zum Glück hat sie sich von Paula und Ami überreden lassen, zu Angelas Insel-Friseur zu gehen. Und dank des Urlaubsgelds ihrer Eltern konnte Leni den sogar selbst bezahlen.

Auch die glänzende Farbe, die sie sich eigentlich viel heller gewünscht hat, sieht richtig hübsch und ganz natürlich aus. Noch nie haben sich ihre Haare so gut, seidig und voll angefühlt. Und das Beste ist, das Styling dauert keine fünf Minuten und ist babyleicht mit dem Glätteisen, das Ami ihr vermacht hat, weil sie vier Stück davon besitzt.

Die Klamotten wollte sie angeblich sowieso aussortieren. Sie hat gleich einen ganzen Koffer voll für Leni mit in Paulas Hotel gebracht, sodass sie zu dritt mehrere alltagstaugliche Outfits für die Schule zusammengestellt haben, in denen sich Leni hundertprozentig wohlfühlt, obwohl manche Teile davon hauteng anliegen. Allerdings haben Paulas Handyfotos Leni überzeugen können, dass sie wirklich nicht dick wirkt, obwohl sie nur ein paar wenige Pfunde verloren haben dürfte trotz all der Aufregung. Schon 18 Likes und 15 Herzen hat sie für die Fotos von ihrer kleinen Strandparty eingeheimst, wo sie es sich mit selbst gemachter Fruchtbowle, Kirschen und Eis gut gehen lassen.

„Das Wichtigste ist, dass du das Essen genießt. Sonst kommst du aus dem Gleichgewicht“, hat Paula ihr erklärt und so langsam beginnt Leni zu kapieren, wie sie das meint.

Und überhaupt haben die Mädels wohl recht. Wenn Nick sich nicht für sie interessiert, ist er selbst schuld, beschließt Leni und schaut ihrem Spiegelbild fest in die Augen. Seit Langem ist sie mal wieder richtig happy und rundum zufrieden mit sich und der Welt. Womöglich hat sie sich in die Sache mit Nick einfach zu doll reingesteigert. Sie kennt ihn ja kaum, und wenn sie erst eine Tussi werden muss, um ihm zu gefallen, ist sie eben nicht die Richtige für ihn. Oder besser gesagt: er nicht der Richtige für sie.

*Dann halt nicht!*

Als Leni das Café wieder verlässt, guckt der junge Kellner ihr wieder grinsend hinterher, wie sie amüsiert feststellt. Er ist zwar ein bisschen schmierig und absolut nicht ihr Typ. Aber sie nimmt es als Kompliment und fühlt sich gleich noch wohler in ihrem pinken Bikinitop und den abgeschnittenen kurzen Jeans, zu denen die Mädels ihr geraten haben. Sogar Flo, die bekanntlich sehr streng ist, hat „megahot!!!!!!!!!!“ getextet, wenige Augenblicke nachdem sie ihr ein Foto geschickt hat.

„Hallo, schöne Dame!“, witzelt Ami, als Leni zu ihrem Strandlager zurückkehrt.

„Ha, ha!“, entgegnet Leni lachend und strahlt übers ganze Gesicht. „Wisst ihr, was?“

„Was denn?“, rufen Paula und Ami im Chor und kichern deswegen ausgelassen.

„Ich habe gerade einen Entschluss gefasst!“, verkündet Leni feierlich und hebt ihr Glas zum Anstoßen.

„Du machst es aber spannend“, meint Paula und hebt ebenfalls ihr Glas.

„Wartet!“, befiehlt Ami und schenkt sich noch einen Schluck Bowle in ihren leeren Becher.

„Ich habe beschlossen, dass Nick Wilke mir ab sofort egal ist. Echt jetzt, er interessiert mich nicht mehr.“

Paula und Ami wechseln einen kurzen Blick und nicken, offenbar beeindruckt.

„Dein Ernst?“, fragt Paula vorsichtig.

„Ich mag ihn“, erklärt Leni und wird kurz nachdenklich. „Okay, es ist vielleicht auch noch ein bisschen mehr als das. Aber es geht mir gut, auch ohne ihn!“ Sie lächelt tapfer.

„Und wenn du deinen Wunsch einfach noch mal umformulierst?“ Ami legt ihr tröstend die Hand auf die Schulter.

„Ich habe keine Wünsche, ehrlich! Ich hab doch euch und

bin glücklich, dass wir drei uns kennengelernt haben!“ Dankbar blickt Leni von einer zur anderen.

„Stimmt, das ist überhaupt das Beste an ‚Sternschnuppengeflüster‘“, findet auch Ami.

„Auf echte Mädelsfreundschaften!“, sagt Paula und die drei stoßen lachend an.

# Amelie

Das ist ein Wunder!“, flüstert Amelie, als sie das erste Mal den Herzschlag ihres Geschwisterchens auf dem Monitor sieht. „Unfassbar!“

„Du kannst ruhig lauter reden“, sagt ihre Mum lächelnd, „es kann dich nicht hören.“

„Aber bald“, entgegnet Frau Dr. Hinsel, „wenn Sie etwa in der 23. Woche sind, bekommt das Baby alles mit, was um es herum geschieht.“

„Also auch jeden Streit, Mama!“, sagt Amelie mit mahnendem Unterton und grinst die Ärztin an.

Die nimmt ein Papierhandtuch und wischt damit das Ultraschallgel vom inzwischen leicht gewölbten Bauch ihrer Mutter ab.

„Die Hormonumstellung ist nun so gut wie abgeschlossen. Und der Urlaub hat mir auch gutgetan. Du musst dir also wegen meiner Launen keine Sorgen mehr machen“, meint Angela und nickt dazu entschlossen.

„Stimmt. Das Schwangerschaftshormon hat die höchste Konzentration inzwischen überschritten. Jetzt kommt der angenehme Teil, bis es zum Ende natürlich etwas beschwerlicher wird“, erklärt Dr. Hinsel und erhebt sich, um zurück zu ihrem Schreibtisch zu gehen.
„Vor allem in meinem Alter“, seufzt Amelies Mum und erhebt sich von der Liege, um noch einmal am Tisch Platz zu nehmen.
„Sehr, sehr viele Frauen entbinden heutzutage, obwohl sie über vierzig sind. Die Zeiten haben sich eben geändert und es ist alles in bester Ordnung mit Ihnen und Ihrem Baby“, sagt die Ärztin und trägt die neuen Daten in den Mutterpass ein, in dem Amelie schon zig Male die ersten Schwarz-Weiß-Bildchen ihres kleinen Bruders oder ihrer kleinen Schwester hat bewundern dürfen.
„Wann weiß man denn, was es wird?“, fragt Amelie und beißt sich auf die Lippe. Irgendwie flößen ihr Menschen in weißen Kitteln immer so viel Respekt ein.
„Da musst du dich noch ein bisschen gedulden. Es sei denn, deine Mutter besteht auf einen Bluttest oder eine Fruchtwasseruntersuchung. Dann können wir das Geschlecht schon jetzt zweifelsfrei bestimmen.“
Frau Dr. Hinsel sieht ihre Mutter fragend an.

Und dann besprechen die beiden das Für und Wider solcher Tests, doch Amelie hört gar nicht mehr richtig zu, denn gedanklich ist sie schon längst wieder auf Namenssuche.

*Leni oder Paula wären auch schön!*

Amelie tippt ihre Ideen schnell in die Liste, die sie in ihrem Handy gespeichert hat und die vor allem bei den Mädchennamen schon etwas unübersichtlich ist. Bei den Jungennamen hingegen tut sie sich etwas schwerer, einen schönen zu finden.

Und dann plötzlich erscheint auf ihrem Display eine Sternschnuppe. Amelie hat eine letzte Nachricht vom Wunsch-Wunder-Team bekommen, die ihr ein breites Grinsen aufs Gesicht zaubert:

Liebe Amelie04!

Herzlichen Glückwunsch! Heute ist dein großer Tag, an dem dein Herzenswunsch in Erfüllung geht. Wir freuen uns, dich bis an das Ziel deiner Träume begleitet zu haben, und wünschen dir für deine nächsten Schritte ins Glück weiterhin viel Erfolg!

Dein Wunsch-Wunder-Team

PS: Sollte deine Wunscherfüllung doch noch etwas auf sich warten lassen, überprüfe bitte nochmals die Formulierung deines Wunschposts. Auch für neue Träume ist in den Weiten unseres Wunschuniversums unendlich viel Raum. Beginne gleich mit deinem nächsten …

Amelies Grinsen wird noch breiter. Sie klickt sich durch die App, bis sie bei ihrem zweiten Wunsch angekommen ist, und liest ihn das erste Mal seit längerer Zeit noch einmal:

Ich wünsche mir bff.

Amelie klickt ihn an und aktualisiert zunächst die Wortwahl:

Ich möchte für immer mit Leni und Paula befreundet sein.

Und dann kommentiert sie ihren eigenen Post, indem sie Leni, also Pummeline, und Paula2000 markiert, damit die beiden ihren neuen Beitrag auch finden. Glückselig lässt Amelie ihr Handy wieder in ihrer Tasche verschwinden und verabschiedet sich gemeinsam mit ihrer Mum von der Ärztin.

*Das Leben ist schön!*

# Paula

Paulas Herz schlägt bis zum Hals, als sie den voll beladenen Geschirrspüler zuklappt und zurück zum Esstisch geht.

„Wo ist Mama?“, fragt Paula verwundert ihren Vater.

Aber es kommt keine Antwort, weil er in einen seiner Aktenordner vertieft ist. Eigentlich haben sie doch vereinbart, dass sie nach dem Abendessen zu dritt in Ruhe sprechen wollen. Paula fand das die beste Idee. Auf der Zugfahrt hatte sie beschlossen, ihren Eltern gleich am Wochenende von dem Angebot von Frau Hellinger zu berichten.

Paula hofft inständig, sie haben nichts dagegen, dass sie dort in die Kartei aufgenommen wird. Und wenn doch, dann wird sie einfach warten, bis sie achtzehn ist, und dann einen neuen Versuch starten.

Paula setzt sich neben ihren Dad und trommelt mit ihren Fingern nervös auf der Tischplatte.

*Wo bleibt ihre Mutter nur?*

„Wann wollen wir denn jetzt reden?“, fragt sie und stupst ihren Dad am Arm an.

„Gleich!“, murmelt er, ohne aufzuschauen.

*Na toll!*

Ihre Mutter kann Lukas und Louisa doch auch ein paar Minuten später ins Bett bringen, denkt sie enttäuscht. Wie soll sie ihren Eltern denn von ihrer tollen Chance erzählen, wenn sie sich noch nicht mal die Zeit nehmen, um ihr zuzuhören? Ihnen ist doch nur wichtig, dass ihr Alltag reibungslos läuft. Da werden sie ihr nie erlauben, als Schauspielerin zu arbeiten ...

Dann endlich hört sie, wie ihre Mutter den Flur entlangkommt.

„Entschuldigt, ich hab noch was gesucht. Was Wichtiges!“, erklärt ihre Mutter und wedelt mit einem großen weißen Umschlag.

„Was ist das?“, will Paula wissen und springt schon auf, um nach dem Brief zu greifen.

Doch ihre Mutter hält ihn fest. „Erst du!“, entgegnet sie und setzt sich an den Tisch. „Was wolltest du mit uns besprechen?“

*Jetzt oder nie!*

Paula rückt ihren Stuhl zurecht und sucht in ihren Hirn-

windungen nach den richtigen Worten. Sie darf es nicht vermasseln. „Papa?!“
„Hm?“ Ihr Dad schaut noch immer nicht auf.
Paula rollt mit den Augen.
Dann zupft ihre Mutter ihn am Arm. „Andi, jetzt ist Paula dran!“
Seufzend schiebt er seinen Ordner beiseite und erhebt sich.
„Und jetzt?“, fragt Paula irritiert.
Doch statt zu antworten, geht er zum Kühlschrank und holt sich ein alkoholfreies Bier raus. Dann sucht er in aller Seelenruhe nach dem Flaschenöffner, während Paula beinahe umkommt vor Nervosität.
„Schieß los, Schatz! Worum geht es?“, fragt ihre Mutter.
„Um meinen größten Wunsch“, traut Paula sich schließlich zu sagen, während ihr Dad immer noch in der Küche rumhantiert.
*Ich kann das so nicht ...*
Paulas Mutter wirft ihrem Mann einen Blick zu, der alles sagt: nämlich, dass sie sich diesen Wunsch aus dem Kopf schlagen kann.
Dann endlich setzt sich ihr Vater wieder an den Tisch und trinkt einen großen Schluck.

„Also, was ist passiert?“, fragt er und zieht seine Augenbrauen in die Höhe.

Paula ist enttäuscht.

*Er hat nicht einmal richtig zugehört ...*

„Ich will nach wie vor Schauspielerin werden“, erklärt sie mit zitternder Stimme.

Und weil ihre Eltern sie bloß wortlos anstarren, nutzt Paula die Gelegenheit und lässt alles ungefiltert raus, was schon so lange und so tief in ihr schlummert: „Echt jetzt! Ihr könnt euch einfach nicht vorstellen, *wie* sehr! Mein Traum ist es, eines Tages auf einer großen Bühne zu stehen oder vielleicht in Serien oder Filmen mitzuspielen. Ich kann mehr, als bloß hübsch auszusehen! Ich weiß, dass ihr das nicht versteht, und ich weiß, dass ihr denkt, das ist totaler Quatsch. Aber mir ist es ernst, und wenn ihr mir nicht erlaubt, es zu versuchen, warte ich eben, bis ich achtzehn bin. Mich hat auch eine Agentin angesprochen, die mich zu einem Casting einladen will. Ich beweise euch, dass ich es kann ...“

„Moment!“, unterbricht sie ihre Mutter. „Was ist denn mit deiner Ausbildung?“

„Das kann ich ja trotzdem machen. Vielleicht Bürokauffrau oder so. Hauptsache, ich habe nebenher genug Zeit für meine große Leidenschaft!“

„Ich meinte eher die Ausbildung zur Schauspielerin. Du kannst doch nicht in diesem Beruf arbeiten, wenn du das nicht anständig gelernt hast und keinen Abschluss vorweisen kannst!“

Inzwischen sind Paulas Hände klatschnass. Sie hat es gewusst. Ihre Eltern lassen sie im Stich. Schon wieder.

„Ja, aber ihr lasst mich ja nicht!“ Paula überlegt, ob sie aufspringen und einfach abhauen soll. Sie ist so enttäuscht, dass sie mit den Tränen kämpft und kein einziges Wort mehr rausbringt.

Plötzlich nimmt ihr Dad ihre Hand und sagt in Richtung ihrer Mutter: „Wollen wir sie nicht endlich erlösen, Liebes?“

Paula versteht nicht.

Ihre Eltern wechseln einen Blick und schmunzeln beide.

*Was soll das?*

„Weißt du, was das ist?“, fragt Paulas Mutter und zeigt auf den Umschlag.

„Nein, weiß ich nicht!“, stöhnt Paula und schnäuzt sich mit einem Taschentuch die Nase.

„Angenommen, deine Lehrerin hätte heimlich ein Video bei den Proben gemacht und es bei einer Schauspielschule in Köln eingereicht? Was würdest du sagen?“, fragt ihre

Mutter mit einem warmen Lächeln und legt ebenfalls eine Hand auf ihre.

Paula schaut immer wieder von einem zum anderen.

„Und angenommen, das hier wäre eine Einladung zu einem Vorsprechen ... was würdest du dazu sagen?"

Paulas Mund steht noch immer offen.

„Und angenommen, wir würden dir erlauben, dort Unterricht zu nehmen – unter einer Bedingung ...", ergänzt ihr Dad ebenso im Frageton, der Paula gleich um den Verstand bringt.

„Dann würde ich mich zehn Mal kneifen und fragen, was die Bedingung wäre!", schafft Paula es endlich, wieder zu sprechen.

„Die Bedingung ist, du machst dein Abitur. Für alle Fälle. Wir wären aber bereit, dich dort einmal wöchentlich Schauspielunterricht nehmen zu lassen. Und wenn alles gut läuft und du nach dem Abi immer noch Schauspielerin werden willst, wären wir bereit, dich bei deiner Ausbildung zu unterstützen!"

*Ist nicht wahr????!!!*

Um Paula herum dreht sich alles. Der Kloß in ihrem Hals löst sich auf und scheint augenblicklich in den Magen gerutscht zu sein.

„Ist das euer Ernst? Ich darf zum Vorsprechen?!“
Paula Eltern nicken sie strahlend an.
„Ich glaube, wir haben inzwischen verstanden, wie wichtig dir dein Herzenswunsch ist. Wir wollten dich immer nur schützen, vor allem vor Enttäuschungen. Aber wir wollen dir und deinem Talent nicht länger im Weg stehen“, erklärt ihr Dad und holt die Unterlagen aus dem Umschlag hervor.
Paula starrt auf den Brief, dessen Absender *Star Stage* ist – ihre Lieblingsschauspielschule. Ihr springt die Betreffzeile ins Auge: *Einladung zum persönlichen Vorsprechen* – und ganz unten der Satz: *Bitte reiche noch die Einverständniserklärung deiner Eltern nach.*
In dem Moment drückt ihr Vater ihr einen Brief in die Hand. „Wir sind einverstanden. Den musst du mitnehmen zum Vorsprechen.“
Nun muss Paula doch noch losheulen. Vor Freude. Sie umarmt ihre Eltern und kann ihr Glück nicht fassen.

# Leni

Wo warst du denn so lange?“, ruft Lenis Mutter, die gerade in der Küche beschäftigt ist.

„Ich war spazieren“, antwortet Leni wahrheitsgemäß und streift sich zufrieden ihre Sneakers ab, um den Dreck vom Waldboden nicht im ganzen Haus zu verteilen.

„Du und spazieren? Woher kommt der Sinneswandel? Noch bis vor Kurzem bist du nicht einmal freiwillig zur Bushaltestelle gelaufen!“ Ihre Mutter lacht und lehnt sich mit gekreuzten Armen an den Rahmen der Küchentür.

Leni verzieht ihr Gesicht und geht an ihr vorbei. Es stimmt ja. Sie war ein Bewegungsmuffel. Aber seit sie sich wieder wohler in ihrer Haut fühlt, zieht es sie ständig nach draußen an die Luft.

„In Boltenhagen sind wir stundenlang am Strand spazieren gegangen. Das hat irgendwie so gutgetan!“

„Ich glaube, dir hat der Urlaub insgesamt sehr gutgetan, stimmt's?“, bohrt ihre Mama weiter nach.

„Wieso?“, fragt Leni und greift nach der Wasserflasche im Kühlschrank.

„Jetzt trinkst du sogar Wasser statt Softdrinks. Ich finde das toll!“

*Autsch!*

„Mama, wenn du jetzt wieder darauf anspielst, dass ich zu dick bin, dann ...“

„Wer sagt denn, dass du dick bist?“, unterbricht sie ihre Mutter empört.

„Na du!“, entgegnet Leni. Aber dieses Mal ist sie gewappnet. Sie ist es leid, sich schlecht zu fühlen, bloß weil sie die Stoffwechselgene ihres Vaters geerbt hat.

„Leni, Liebes!“, sagt ihre Mutter und streichelt ihr übers Haar. „Das habe ich nie gesagt und auch nicht so gemeint. Ich fand nur, du hast dich eine ganze Zeit lang zu wenig um dich gekümmert. Kein Schokoriegel und auch keine Diät der Welt kann dich glücklich machen, wenn die Ursache für dein Unglück ganz woanders liegt.“

Plötzlich steigen Tränen in Leni auf. Sie weiß nicht einmal, warum.

„Komm mal her!“ Ihre Mama schließt sie fest in die Arme

und flüstert: „Ich finde, du bist ein wunderhübsches Mädchen. Ganz egal, wie groß, klein, dick oder dünn du bist. Hauptsache ist doch, du fühlst dich wohl und strahlst wieder von innen!“

Leni schluchzt. Sie weiß überhaupt nicht, was sie sagen soll. Aber es tut gut, einfach mal wieder von ihrer Mutter in den Arm genommen zu werden.

„Und du strahlst wirklich, mein Schatz! Das ist auch nicht nur mir und deinem Vater aufgefallen, glaube ich.“ Ihre Mama schmunzelt.

„Wieso?“ Leni wischt sich die Tränen aus dem Gesicht und schaut ihre Mutter verwirrt an.

„Gerade als du zehn Minuten weg warst, hat es an der Tür geklingelt.“

Lenis Herz klopft spürbar ein paar Takte schneller.

„Ein Junge war hier. Er sagte, dass er nach den Ferien in deine Klasse kommt.“

*OH, MEIN GOTT!!!!!!!!!!!!!!!!!!!!!!!!*

Plötzlich wird ihr ganz flau im Magen.

„Du meinst Nick?“, hört Leni sich ungläubig fragen.

„Nicklas, genau, so hieß er. Er war sehr nett, wollte wissen, wann du wieder zurück bist, und hat auch ein Geschenk für dich dagelassen.“

Leni macht große Augen und hält die Luft an vor lauter Aufregung. „Echt? Wo denn?"
„Da drüben, im Flur!"
Ihre Mutter deutet in Richtung der Kommode, auf der ein kleines, flaches Päckchen liegt.
Mit weichen Knien tritt Leni in den Flur. Ihre Hände zittern, als sie das in schlichtes rotes Papier gewickelte Geschenk auspackt und *Der kleine Prinz* als Hörbuch zum Vorschein kommt.
*Das ist unglaublich!*
Und ob der kleine weiße Umschlag daneben auch von Nick ist?
Leni muss es wissen und reißt ihn einfach auf.
*KREISCH!!!!!!!!*
Ihr ganzer Körper zittert, als sie die Nachricht liest:

hi, anbei ein kleines dankeschön! hoffe, du freust dich, n.
ps: du weißt ja, nur mit dem Herzen sieht man gut ...

Ihr Mund formt sich zu einem breiten Grinsen. Sie weiß nicht mehr, wo vorne und hinten und unten und oben ist.
*Alles dreht sich.*
Sie drückt den Zettel fest an ihr Herz und lässt sich auf

die unterste Stufe der Treppe sinken. Dann spürt sie, wie zehntausend bunte Schmetterlinge durch ihren ganzen Körper tänzeln.

# Leni – drei Wochen später

Wieso hast du immer ein Käppi getragen, obwohl du so schöne Haare hast?“, fragt Nick und guckt Leni verschmitzt an.

Leni spürt, wie sie rot wird. Aber es ist ihr egal.

„Hab ich ja gar nicht!“, beschwert sie sich grinsend.

„Aber im Bus hattest du auch eins auf!“

„Daran kannst du dich noch erinnern?“

„Hallo, Leni? Du checkst auch gar nix!“, entgegnet Nick lachend.

„Was soll ich checken?“

„Na, dass er dich nur nach dem Schulstoff gefragt hat, weil er dich kennenlernen wollte“, erklärt Susi, als sie eine Cola, einen Chai Latte und eine große Portion Pommes zum Teilen an ihren Tisch bringt.

Nick grinst verlegen.

Er sieht einfach zum Anbeißen aus. Aber er ist irgendwie auf ein normales Menschenmaß geschrumpft durch all die

albernen Nachrichten, die sie sich gefühlt im Sekundentakt hin und her geschickt haben.
„Das heißt, ich hab die ganze Liste umsonst geschrieben?“, fragt Leni gespielt empört.
„Nein!“, protestiert Nick, „sonst würden wir jetzt bestimmt nicht hier sitzen.“
Genau in dem Augenblick klingelt Nicks Handy. „Sorry.“ Er zieht es aus der Tasche und drückt den Anruf weg. Auf seinem Bildschirm erscheint wieder die Blondine.
Leni muss schmunzeln und greift nach dem Ketchup. Wenn sie bloß früher geahnt hätte, dass Nick ein Fan von Daenerys Targaryen alias Emilia Clarke aus „Game of Thrones“ ist!
Nick lässt sein Handy wieder verschwinden und schnappt sich ihre Hand. Er lässt sie nicht mehr los und schaut Leni tief in die Augen. „Weißt du noch, als wir uns im Winter vor dem Klassenzimmer getroffen haben?“
„Keine Ahnung“, schwindelt Leni. Ihr wird plötzlich wieder ganz flau im Magen.
„Als ich bei unserem Direktor drin war, hab ich gefragt, ob ich in deine Klasse kommen kann, weil du so nett bist.“
*Ist das krass!!!!!!!!!!!!!!!!!*
„Aber das wusstest du da doch gar nicht?“, sagt Leni grinsend.

„Nö, das war ja auch gelogen.“

„Vielen Dank auch!“

„Aber ich habe es geahnt!“

„Was jetzt?“

„Dass ich dich nett finde, wenn wir uns erst besser kennen.“

„Und?“, fragt Leni und beißt sich vor prickelnder Verlegenheit auf die Lippe, „findest du mich jetzt nett?“

„Nö!“

Leni zieht ihre Hand zurück und kräuselt ihre Stirn.

„Ich finde dich toll!“, sagt Nick und nimmt sich einfach ihre Hand zurück.

Dann rutscht er näher an Leni heran und fragt: „Soll ich dir mal zeigen, wie toll?“

Leni kann nicht mehr klar denken.

Sie stupsen mit ihren Nasen aneinander.

Sie schielen sich gegenseitig grinsend in die Augen.

Sie halten sich fest an der Hand und beginnen sich zu küssen, zunächst zaghaft und dann etwas wilder, so wie es sich Leni in ihren größten Wunschträumen kaum hätte ausmalen können ...

Als sie beide kurz Luft holen, zieht Nick wieder sein Handy aus der Tasche.

Er legt den Arm um Leni und macht mit der anderen Hand ein Selfie von ihnen beiden.

„Die sehen ziemlich glücklich aus!", sagt Leni, als Nick ihr das Bild unter die Nase hält.

„Die sehen nicht nur so aus, oder?!", entgegnet Nick und tippt auf sein Display.

„Das willst du jetzt aber nicht irgendwo posten, oder?", fragt Leni irritiert.

„Nee, das ist jetzt mein Hintergrundbild, damit ich dich nicht immer so vermisse, wenn wir uns mal nicht sehen."

Glückselig pikst Leni mit der Gabel in die Pommes und beginnt zu essen.

# SOMMER AM MEER, SURFEN UND DIE ERSTE LIEBE

Martina Sahler, Heiko Wolz
**SUMMER GIRLS 1: MATILDA UND DIE SOMMERSONNENINSEL**
Hardcover
256 Seiten
ISBN 978-3-551-65165-5
Auch als Taschenbuch und E-Book erhältlich

**MATILDA, EMMY, JOHANNA UND MERIT** leben auf der Insel. Sie sind die »Summer Girls« und treffen sich meist bei Matilda, deren Vater eine Windsurfschule betreibt. Es ist Ferienbeginn, zahlreiche Anmeldungen flattern der Surfschule ins Haus. Es ist der erste Sommer, in dem die Mädchen auch die Jungs im Auge haben …

# KANN EINE BEGEGNUNG DEIN GANZES LEBEN VERÄNDERN?

Sofie Cramer & Sven Ulrich
**WIE AUSGETAUSCHT**
Softcover
272 Seiten
ISBN 978-3-551-31961-6
Auch als E-Book erhältlich

**EIN JAHR HIGHSCHOOL IN DEN USA** – für Marie wird ein Traum wahr! Fast genauso aufregend ist das Vorbereitungsseminar in Berlin, vor allem als sie dort Henry kennenlernt. Ihr erstes Zusammentreffen verläuft ziemlich ungewöhnlich, trotzdem knistert es gewaltig. Und nach einem nächtlichen Ausflug durch die Hauptstadt ist klar, dass sie sich unbedingt wiedersehen wollen. Vielleicht ja in New York, wo Henry sein Jahr verbringen wird. Doch dann kommt Marie das Leben dazwischen: Sie muss den Austausch absagen. Um sich vor Henry keine Blöße zu geben, fakt sie ihren USA-Aufenthalt – mit ungeahnten Folgen. Denn auch Henry hat Geheimnisse ...

WWW.CARLSEN.DE